小規模社会福祉法人のための
法人運営と財務管理

一般財団法人
総合福祉研究会 税務経営委員会 [編]

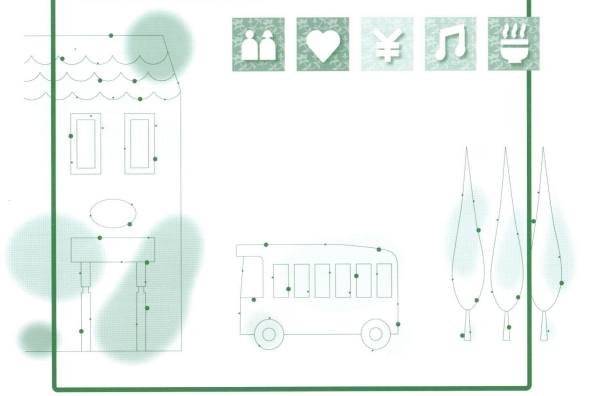

清文社

はじめに

　平成29年４月から改正社会福祉法が完全施行されました。この改正は、福祉サービスの供給体制の整備及び充実を図るため、社会福祉法人制度について経営組織のガバナンス強化、事業経営の透明性の向上等の改革を進めるとともに、介護人材の確保を推進するための措置、社会福祉施設職員等退職手当共済制度の見直しを行うものです。

　この改正にあわせて、平成28年４月から社会福祉法人会計基準が厚生労働省令第79号として法令に位置づけられ、財務規律の向上のための決算ルールが明確化されました。

　経営組織のガバナンス強化として、理事、評議員、監事の役割と責任の明確化が図られました。特に、理事、監事の責任と権限が法令に明示されるとともに、その役割の重要性が高まっています。法改正に伴い、「社会福祉法人制度改革の施行に向けた留意事項について（経営組織の見直しについて）」が公表され、制度改革の方向性と具体的な考え方が明らかにされました。それに基づき、社会福祉法人審査基準（局長通知別紙１）、社会福祉法人審査要領（課長通知別紙）の改正と社会福祉法人定款例が示されています。

　社会福祉法人は、公的資金を財源として運営され、税の優遇を受けていることから、適切に運営していることの説明責任があります。今般の改正に適時適切に対応し、その説明責任を果たすために、制度の理解と実務的な留意点を確認することが重要です。この書籍では、制度の概要を解説するとともに、法人運営と財務管理について、チェックリストにより、社会福祉法人が守るべきルールを検討することを考えました。一部、詳細な説明がありますが、チェック項目とその解説を中心に読んでいただければ、法人関係者の皆様であれば、容易にポイントが把握でき、大きな問題を見逃すことを抑止できるものと考えています。

　特に、小規模社会福祉法人の理事、監事、評議員、施設長の方々でも、効率的に法令が遵守できていることを確認していただけるものと思います。

　社会福祉法人の皆様の適正運営の役に立つ書籍と考えています。是非、熟読の上、ご活用いただければ幸いです。

一般財団法人総合福祉研究会

目　次

第1章　社会福祉法人制度改革

1　社会福祉法人の概要 …………………………………………………………… 3
　1　社会福祉法人とは　3
　2　異なる規制と優遇措置　6

2　制度改革の背景と社会福祉法改正の概要 ………………………………… 7
　1　改革の背景　7
　　①　社会福祉法人制度と多様化・複雑化する福祉ニーズへの対応　7
　　②　公益法人制度改革の影響　7
　　③　イコールフッティング論　8
　　④　内部留保問題　8
　　⑤　財務諸表（計算書類等）公表の問題　9
　2　社会福祉法改正の概要　9
　　①　経営組織のガバナンスの強化　9
　　②　事業運営の透明性の向上　10
　　③　財務規律の強化　10
　　④　地域における公益的な取組みを実施する責務　11
　　⑤　行政の関与の在り方の見直し　11

第2章　会計基準

1　会計基準 ………………………………………………………………………… 15
　1　社会福祉法人会計基準　15
　2　社会福祉法による会計基準の規定　16
　3　会計基準の制度的理解　16
　4　会計基準の歴史的変遷　17
　5　会計基準の法体系上の位置付け　18
　6　会計基準と介護保険制度　20

① 介護保険制度　20
　　② 措置制度　20
　　③ 契約制度　20
　7　会計基準と損益概念　21
　8　会計理論からみた会計基準　21

2　運用指針 …………………………………………………………………… 22
3　経理規程モデル ……………………………………………………………… 22
4　日本公認会計士協会（JICPA）からの各種報告 ……………………………… 23

第3章　会計監査及び専門家による支援等
（厚生労働省通知より抜粋）

1　会計監査及び専門家による支援 …………………………………………… 27
　1　会計監査　27
　　① 会計監査人による監査　27
　　② 会計監査人による監査に準ずる監査　27
　2　専門家による支援　28
　　① 財務会計に関する内部統制の向上に対する支援　28
　　② 財務会計に関する事務処理体制の向上に対する支援　28
2　一般監査の実施の周期の延長及び指導監査事項の省略 ……………… 28

第4章　会計監査人監査

1　会計監査人監査の義務化 …………………………………………………… 47
2　会計監査人による監査 ……………………………………………………… 48
　1　会計監査人（公認会計士）の使命・目的　48
　2　会計監査人監査を受けることの効果　49
　3　監査の対象となる財務報告とは　49
　4　会計監査人の選任・任期　51
　　① 会計監査人の選任　51
　　② 会計監査人の任期　51
　5　会計監査人選任の流れ・選び方　52
　6　予備調査について　55

3 監査プロセス・スケジュール ……………………………………………… 55
● 3 - 1 監査の実施の方法（リスク・アプローチ）……………………… 55
● 3 - 2 監査の実施スケジュール ……………………………………… 56
　1 監査契約後～年内（概ね7月～12月）　56
　　① 理事及び監事と意見交換・監査の基本方針の策定　56
　　② 内部統制の確認、拠点への訪問　57
　　③ 内部統制の整備　57
　2 年明けから監査報告書の提出まで　57
　　① 問題点のアドバイス・改善（1月～3月）　57
　　② 期末監査　57
　　③ 監査報告書の提出　58

第5章　小規模社会福祉法人の法令遵守チェックリスト

1 法令遵守チェックリスト（法人運営編）………………………………… 61
2 法令遵守チェックリスト（財務管理編）………………………………… 66
3 チェック内容 …………………………………………………………… 70
　1 法人運営編　70
　　（ⅰ）定款　70
　　（ⅱ）事業　80
　　（ⅲ）機関　87
　　（ⅳ）労務管理　125
　　（ⅴ）社会福祉充実計画　127
　　（ⅵ）その他　127
　2 財務管理編　132
　　（ⅰ）会計管理　132
　　（ⅱ）資産管理　142
　　（ⅲ）決算処理　149

第6章　社会福祉充実残額の計算及び社会福祉充実計画

1 社会福祉充実残額の計算 …………………………………………… 187
1 基本的な考え方　187
2 社会福祉充実残額の算定　187
① 活用可能な財産　187
② 社会福祉法に基づく事業に活用している不動産等　188
③ 再取得に必要な財産（詳細（5））　188
④ 「必要な運転資金」　189
3 社会福祉充実残額の取扱　189
4 算定上の留意事項　190
5 再取得に必要な財産（社会福祉法施行規則6条の14第1項2号）の算定　190
① 基本的な考え方　190
② 大規模修繕に必要な費用について　191
③ 設備・車両等の更新に必要な費用　191

2 社会福祉充実計画 …………………………………………………… 196
1 事業の種類（社会福祉法55条の2第4項及び同規則6条の16関係）　197
2 社会福祉充実計画の実施期間　197
3 公認会計士等への意見聴取（社会福祉法55条の2第5項及び同規則6条の17）　197
4 社会福祉充実計画の変更（社会福祉法55条の3及び同規則6条の18から6条の20）　198

＊本書は、平成29年10月末現在の法令等によっています。

第1章

社会福祉法人制度改革

　「社会福祉法等の一部を改正する法律案」が第189回通常国会に提出され、平成28年3月31日公布されました（法律第21号。以下「法」という）。一部はすでに平成28年度中に施行され、平成29年4月1日からは全面施行となり社会福祉法人制度は大きく変わりました。
　それに関連する通知（厚生労働省ホームページより）は、**第1章**の最後に掲載しています（平成29年10月10日現在）。

1 社会福祉法人の概要

1 社会福祉法人とは

　社会福祉法人は、「社会福祉事業を行うことを目的として、この法律の定めるところにより（社会福祉法の規定に基づき所轄庁の認可を受けて）設立された法人」と定義されています（法22）。

　そして社会福祉事業には、第一種社会福祉事業と第二種社会福祉事業があります（法2）。

　第一種社会福祉事業とは、主に特別養護老人ホーム、児童養護施設等の入所施設の運営事業です。事業の経営主体は、行政又は社会福祉法人が原則となっています。

　第二種社会福祉事業とは、主に保育所、障害者通所施設等の在宅サービスの運営事業です。事業の経営主体の制限は基本的にありませんが、個別法により制限を受ける場合があります。

　社会福祉法人は社会福祉事業の主たる担い手としてふさわしい事業を確実、効率的かつ適正に行うため、法人経営について3つの原則が示されています（法24）。

・自主的な経営基盤の強化
・福祉サービスの質の向上
・事業経営の透明性の確保

※厚生労働省ホームページより

---

3. 社会福祉法人

（1）**沿革**：公益法人に対する特別法人として、社会福祉法人制度が創設されました。

・社会福祉事業に対する社会的信用や事業の健全性を維持する上で、公益法人に代わる新たな法人制度を確立する必要がありました。

・強い公的規制の下、助成を受けられる特別な法人として創設されました。＝憲法第89条の「公の支配」に属しない民間社会福祉事業に対する公金支出禁止規定を回避することが可能になります。

（2）社会福祉法人が行う事業

・社会福祉事業のほか、公益事業及び収益事業を行うことができます。

公益事業とは

- 社会福祉と関係のある公益を目的とする事業です。
- 社会福祉事業の円滑な遂行を妨げるおそれがあってはなりません。
- 公益事業の剰余金は社会福祉事業又は公益事業に充てなければなりません。

（例）
介護老人保健施設（無料低額老人保健施設利用事業を除く。）の経営
有料老人ホームの経営

収益事業とは

- その収益を社会福祉事業又は一定の公益事業に充てることを目的とする事業です。
- 社会福祉事業の円滑な遂行を妨げるおそれがあってはなりません。
- 事業の種類に特別の制限はありませんが、法人の社会的信用を傷つけるおそれがあるものや投機的なものは適当ではありません。

（例）
貸ビルの経営
駐車場の経営
公共的な施設内の売店の経営

（3）設立要件等

・社会福祉法人が、安定的で適正な運営ができるように、設立の際に、役員や資産等について一定の要件を課しています。

1　役員等に関する主な要件

- **理事**
    1. 定数は6名以上であること。
    2. 各理事と親族等特殊の関係のある者が、一定数を超えないこと。
    3. 社会福祉事業についての学識経験者、地域の福祉関係者が含まれていること。

- **監事**
    1. 定数は2名以上であること。
    2. 財務管理に識見を有する者、社会福祉事業に識見を有する者が含まれていること。
    3. 他の役員と親族等の特殊の関係がある者であってはならないこと。

- **評議員**
    1. 評議員の定数は理事の定数を超えること。
    2. 各評議員及び各役員と親族等の特殊の関係がある者であってはならないこと。
    3. 社会福祉法人の適正な運営に必要な識見を有する者であること。

- **評議員会**　　全ての法人において必置とすること。

2　資産等に関する主な要件

○施設を経営する法人
　原則として、社会福祉事業を行うために直接必要なすべての物件につき、
　・所有権を有していること
　・国若しくは地方公共団体から貸与若しくは使用許可を受けていること
　のいずれかが必要です。
※都市部等土地の取得が極めて困難な地域においては、民間から敷地部分についてのみ貸与を受けることが認められます。この場合、地上権又は賃借権の設定が必要です。
※すべての不動産について貸与又は使用許可を受ける場合には、1,000万円以上の基本財産を有していることが必要になります。
※特別養護老人ホーム、保育所等、一部の事業については上記要件を緩和する通知が示されています。

○施設を経営しない法人
　原則として1億円以上（委託費等で安定的な収入が見込める場合は、所轄庁が認める額）の基本財産を有していることが必要です。
※居宅介護等事業、地域・共同生活援助事業、介助犬訓練事業又は聴導犬訓練事業については、上記要件を緩和する通知が示されています。

3　所轄庁

○主たる事務所の所在地の都道府県知事が所轄庁となります。
　ただし、以下に該当する場合は、それぞれに定める者となります。
　・主たる事務所が市の区域内にあり、実施している事業が当該市の区域を越えない法人は当該市の長（特別区の区長を含む）。
　・主たる事務所が指定都市の区域内にあり、実施している事業が同一都道府県内の二以上の市町村の区域にわたる法人等は指定都市の長。
　・実施している事業が二以上の地方厚生局の管轄区域にわたり、厚生労働省令で定めた法人は厚生労働大臣。

（4）規制・監督と支援・助成

・社会福祉法人については、規制・監督と支援・助成を一体的に行い、安定的な事業の実施を確保するための仕組みが制度化されています。

規制・監督	支援・助成
・社会福祉法人の設立の際には、必要な資産の保有や法人の組織運営等に関して一定の要件を課しています。 ・適正な施設運営を確保するため、運営費の支出対象経費、繰入れ等に関する規制を行っています。	・施設入所者（利用者）の福祉の向上を図るため、社会福祉法人による施設整備に対し、一定額を補助しています。 ・社会福祉施設の整備・運営 ・社会福祉事業の公益性にかんがみ、また、その健全な発達を図るため、法人税、固定資産

- 事業収入は原則として社会福祉事業にのみ充てられ、配当や収益事業に支弁できません。
- 法人の適正な運営を担保するため、役員の解職勧告や法人の解散命令等の強力な公的関与の手段が法律上与えられています。
- 事業を実施するために寄付された財産はその法人の所有となり、財産分与（持分）は認められません。また、解散した場合の残余財産は、定款の定めにより他の社会福祉法人その他社会福祉事業を行う者又は国庫に帰属します。

税、寄付等について税制上の優遇措置が講じられています。
- 社会福祉事業の振興に寄与することを目的として、社会福祉法人の経営する社会福祉施設の職員等を対象とした退職手当共済制度を設けています。
  ○ 給付水準は国家公務員に準拠
  ○ 国及び都道府県による補助（各1/3）

2 異なる規制と優遇措置

　社会福祉法人は、非営利性・公益性に鑑みてその運営にあたっては強い公的規制を受けますが一方で税制優遇措置や補助金の交付を受けることができます。

　事業を実施するために提供された財産はその社会福祉法人の所有となり、持分は認められていないため事業を廃止し、解散した場合の残余財産は、（一定の場合を除き）定款に定めた他の社会福祉事業を行う者に帰属するか、処分されない場合には、国庫に帰属することになります（法47）。

　社会福祉事業以外に、公益事業及び収益事業も一定の条件のもと認められていますが、収益事業からの収益は社会福祉事業又は一部の公益事業のみに充当することになっています（法26）。

　なお、法令、法令に基づく処分若しくは定款に違反し又はその運営が著しく適性を欠く場合には、所轄庁による措置命令、業務停止命令、役員解職勧告、解散命令等を受ける可能性があります（法56）。

　社会福祉法人に対する優遇措置の一例としては、その施設整備にあたり一定額（例えば国2分の1、地方公共団体4分の1など）の補助を受けられるほか、税金面においても法人税非課税、固定資産税の用途非課税、寄附金税制等についての優遇措置が認められています。また経営する社会福祉施設の職員等を対象に退職手当共済制度も設けられています。

2 制度改革の背景と社会福祉法改正の概要

1 改革の背景

　社会福祉法人制度は、設立については認可主義を採用し、その経営についても行政機関（所轄庁）の指導監督を受けていますが、近年の社会情勢の変化にともない以下のような問題が指摘されていました。

① 社会福祉法人制度と多様化・複雑化する福祉ニーズへの対応

　戦前の社会福祉の黎明期における民間社会福祉事業は、篤志家等による慈善事業として実施されていました。そして戦後の混乱期において社会的弱者である身体障害者、戦争孤児、失業者等の生活困難者の激増という困難に直面し、これらの人々への対応が急務となっていましたが、行政の資源が不十分であったことから民間資源の活用を求めるなかで設立された法人が社会福祉法人です。

　その後、社会福祉法人は、公益性の高い社会福祉事業を行うことを目的とする非営利法人として、長年、福祉サービスの供給確保の中心的な役割を果たしてきました。しかしながらこの間、福祉サービスの利用の仕組みが行政による措置から利用者との契約に移行し、また、株式会社など多様な経営主体による福祉サービスへの参入が進むなど、福祉サービスの供給体制における社会福祉法人の位置付けが変化してきました。

　このような社会福祉法人を取り巻く状況の変化によって、その役割は社会福祉事業に係る福祉サービスの供給確保の中心的な役割を果たすだけではなく、他の事業主体では対応できないような様々な社会福祉ニーズに対応すること、制度に定められた社会福祉事業にとどまらない地域貢献活動の実施が求められるようになってきています。

　ところが、これらの取組みが一部の社会福祉法人にとどまっていること、取組みを実施している法人でも利用者や地域住民から十分な評価が得られていないことなどによって、社会福祉法人の役割や存在意義が広く認識されない状況になっているのが現状です。

② 公益法人制度改革の影響

　旧民法第34条に基づく公益法人については、公益性の判断基準が不明確なため営利法人類似の法人や共益的な法人が主務大臣の認可によって多数設立された結果、税制上の優遇措置や行政の委託、補助金、天下りの受皿となっている等さまざまな批判、指摘を受けたことか

ら、平成18年に制度改革が行われ、公益認定要件として法人の目的・事業内容・組織・財産等に関して備えるべき具体的な内容が課されたことにより公益性の高い法人類型として位置付けられたほか、透明性の確保についても高いレベルでの情報公開が義務付けられました。公益法人の１類型である社会福祉法人においても、同様の公益性を備えることが求められています。

③ イコールフッティング論

社会福祉法人が担う社会福祉に関する制度自体が近年大きく変わり、多様な主体が社会福祉サービスを提供することができるようになりましたが、事業者間において適用される規制等が異なることから、社会福祉法人であれ、その他の事業主体であれ、同じ市場でサービスの提供を行うのであれば、優遇措置は同一とすべきではないかといういわゆる「イコールフッティング」が議論されました。具体的には、介護や保育施設の運営といった事業を実施する場合、事業主体が社会福祉法人の場合には補助金や非課税措置等の財政上の優遇措置を受けられるのに対し、その他の事業主体の場合には受けられないといったことです。

このイコールフッティングの問題は、平成25年12月の第23回規制改革会議における論点整理において、「さまざまな事業者が利用者の立場に立ってサービスの質や多様性を競い、豊富な福祉サービスが提供されるよう、経営主体間のイコールフッティングを確立すべきである。」と指摘され、その後も引き続き規制改革会議で検討が行われ、平成26年４月の第29回規制改革会議において、参入規制については役割分担と考えること、社会福祉法人には地域貢献活動を同時に実施することを義務付けることよりこれらの諸問題は解消され、イコールフッティングは確立されると意見公表されました。

平成26年６月24日に閣議決定された規制改革実施計画では、「介護・保育事業等における経営管理の強化とイコールフッティング確立」が重点的に取り扱われています。

④ 内部留保問題

株式会社をはじめとして多様な主体が社会福祉サービスに参入して事業の競合が生じることになった結果、多くの社会福祉法人も経営努力を行って経営の効率化を進めましたが、このことがはからずも一部の社会福祉法人において多額の剰余金が生じる結果になっています。平成23年７月には社会福祉法人が黒字をため込んでいるという報道が一部のマスメディアにおいてなされ、同年12月の社会保障審議会介護給付費分科会においては、特別養護老人ホーム１施設あたり平均3.1億円の内部留保（平成22年度決算ベース）があることが報告されました。

これを受けて平成24年7月の財務省予算執行調査においては、「特別養護老人ホームについては、収支状況が改善するとともに、内部留保も積み上がっている状況」と報告され、「社会福祉法人の財務諸表等については、ホームページでの公表を義務付けるなど、透明性・公正性を高めるべき。」と指摘されています。その後の規制改革会議においても内部留保の問題が取り上げられるなか、厚生労働省が意見を述べています。一方、社会福祉法人団体等からは「内部留保の多くは、固定資産である事業用資産に投入されており、現預金として積み立てられているわけではない。」「今後老朽化した施設の建替えが必要であり、建替えに備えた内部留保が必要である。」といった意見が述べられています。

⑤　財務諸表（計算書類等）公表の問題

　規制改革会議において、社会福祉法人が多額の補助金や優遇税制を受けているにもかかわらず財務諸表の公表が行われていないことが指摘されたことから、平成26年6月に閣議決定された規制改革実施計画において、「全ての社会福祉法人について、平成24年度分以降の財務諸表の公表指導と状況調査」「平成25年度分以降の財務諸表について、全ての社会福祉法人における公表」が提言されました。この提言に従い、平成26年5月に社会福祉法人審査基準が改正され、「現況報告書並びに添付書類である貸借対照表及び収支計算書について、インターネットを活用し、公表しなければならないこと」が通知されました。

　しかし、ホームページ又は広報誌のいずれかで公表を行った社会福祉法人の割合は全体の半数程度にとどまる状況であるため、規制改革会議のメンバーからは公表が不十分であると厳しく指摘されています。

2　社会福祉法改正の概要

　今回の改正は、このような社会福祉法人に対する課題を解消するため、社会福祉法人の公益性・非営利性を徹底するとともに、国民に対する説明責任及び地域社会に貢献する法人の在り方を確立する観点から、主に、経営組織のガバナンスの強化、事業運営の透明性の向上、財務規律の強化、地域における公益的な取組みを実施する責務、行政の関与の在り方の見直しなど制度の見直しを図るものです。

①　経営組織のガバナンスの強化

　理事、監事等の役員やこれらの者の権限、責任及び法人の運営など社会福祉法に規定されている社会福祉法人の経営組織は、社会福祉法人制度発足当初以来のものであるため、役員の選任、権限や責任が明確ではなく、またこれを監督すべき評議員会は法律上設置が任意で

あって、理事会は厚生労働省の通知により設置されるなど法的な根拠が乏しいものとなっていることから、公益法人の運営組織と比較してガバナンスを確保する仕組みが不十分な状況となっています。一部の社会福祉法人では、理事長による専断的な経営や実質的な同族支配による不適切な運営などガバナンス上の問題も生じています。

こうしたことから、公益法人制度改革を参考に理事会を業務執行に関する意思決定機関として位置付け、<u>理事・理事長に対する牽制機能の付与</u>、議決機関としての評議員会の必置化、役員の権限・義務・責任等の明確化に係る規定が整備され、親族等特殊関係者の理事等への選任制限に係る規定も整備されました。その他一定規模以上の法人に対する会計監査人の設置の義務化及び内部統制等に係る体制構築を講じることとなりました。

なお、評議員会については、社会福祉法人の事業規模が様々であることから、一定の事業規模を超えない法人については、施行から3年間は評議員の定数を「4人以上」とするなど小規模法人に対しての配慮もされています。

評議員の選任方法については、社会福祉法人が定款に定め、所轄庁の認可を受けることにしていますが、理事・理事会が評議員を選任・解任する旨の定めは認められていません。

② 事業運営の透明性の向上

社会福祉法人は、高い公益性と非営利性を備えた法人であり、その運営の状況について、国民に対する説明責任を十分に果たす必要があります。情報の公表を推進する観点から、既に現況報告書や計算書類について、インターネットを活用して公表するよう通知により指導していますが、その計算書類の正確性は外部の専門家により担保されているわけではなく、また役員の報酬に関する事項など計算書類以外の重要な情報の開示がなされていないなどの問題が指摘されています。さらに、情報公開に消極的な法人も散見され、厚生労働省の通知ではなく、法律的な枠組みの中で経営情報の透明性の確保が必要とされてきています。

このため、閲覧対象書類を大幅に拡大するとともに閲覧請求者についても国民一般へと拡大し、重要な閲覧書類である計算書類や現況報告書（役員報酬基準、役員区分毎の報酬総額、親族等関係者との取引内容を含む。）については公表の規定が整備され、国民が情報を入手しやすいインターネットによる公表が義務付けられました。

③ 財務規律の強化

社会福祉法人は、高い公益性・非営利性にふさわしい財務規律を確立する必要があり、特に、適正かつ公正な支出管理が強く求められています。

役員に対する不当で高額な報酬を是正するため、役員報酬基準の作成と公表、役員区分毎

の報酬総額の公表、個別の役員等の報酬額の所轄庁への報告が義務付けられたほか、役員等への不明瞭な支出を防止するため、役員等関係者への特別の利益供与についても明確に禁止し、親族等関係者との取引内容の公表の義務付けにより、適正かつ公正な支出管理を図ることとされました。

　また、現行制度においては、保有する財産の内容・内訳や使途に関する法制度上のルールがないことから、国民・地域住民に対する説明責任を果たすことができない状態に置かれているため、その保有する財産について、社会福祉法人の本旨に即して、保有又は社会福祉事業の拡充等への計画的な再投資を実現するため、法制度上の明確なルールを設けることとされました。

　具体的には、いわゆる内部留保を明確化するため、純資産から事業継続に必要な財産の額を控除し、福祉サービスに再投下可能な財産（社会福祉充実残額）を算定にすることとされ、再投下可能な財産がある社会福祉法人については、社会福祉事業又は公益事業の新規実施・拡充に係る計画（社会福祉充実計画）の作成が義務付けられています。さらには、作成した社会福祉充実計画の記載内容は、公認会計士又は税理士等会計専門家のチェックを受けた後に所轄庁に提出し、所轄庁から計画の承認を得ることとされています。

④　地域における公益的な取組みを実施する責務

　社会福祉法人は、社会福祉事業の中心的な担い手としての役割を果たすだけではなく、他の経営主体では困難な福祉ニーズに対応することが明確に求められています。また、人口構造の高齢化、地域社会や家族の変容に伴う福祉ニーズが多様化、複雑化するなかでその役割は益々重要になってきています。

　そのため、税制優遇措置が講じられている公益性の高い法人としての在り方を徹底し、その役割を明確化する観点から、社会福祉事業又は公益事業を行うにあたり、日常生活又は社会生活上支援を要する者に対する無料又は低額の料金で福祉サービスを提供することを責務とすることが規定されました。

⑤　行政の関与の在り方の見直し

　福祉ニーズが多様化・複雑化し高い公益性と非営利性を確保する法人運営が求められることから、専門的な見地に立って適正な法人運営を担保する仕組みが必要となり、所轄庁による指導監督を実効性のあるものとするための制度的な整備や地方分権による国・都道府県・市等が、それぞれの機能と役割を明確にして相互の連絡調整や支援を行うために社会福祉法人に対する、所轄庁による指導監督の機能強化、国・都道府県・市の連携を強化するしくみ

が構築されました。

　都道府県の役割としては、市による指導監査の支援を位置付けるとともに、経営改善や法令遵守については、柔軟に指導監督するしくみ（勧告等）に関する規定が整備されています。また、都道府県による計算書類等の収集・分析・活用、国による全国的なデータベースの整備も図ることとしています。

第2章

会計基準

1 会計基準

1 社会福祉法人会計基準

「社会福祉法人会計基準」は以下のような規定（抜粋）になっています（以下、下線は筆者）。

第1章　総則（第1条・第2条）
第2章　会計帳簿（第3条―第6条）
第3章　計算書類等
　第1節　総則（第7条―第11条）
　第2節　資金収支計算書（第12条―第18条）
　第3節　事業活動計算書（第19条―第24条）
　第4節　貸借対照表（第25条―第28条）
　第5節　計算書類の注記（第29条）
　第6節　附属明細書（第30条）
　第7節　財産目録（第31条―第34条）
附則

第1章　総則
（社会福祉法人会計の基準）
第1条　社会福祉法人は、この省令で定めるところに従い、会計処理を行い、会計帳簿、計算書類（貸借対照表及び収支計算書をいう。以下同じ。）、その附属明細書及び財産目録を作成しなければならない。
2　社会福祉法人は、この省令に定めるもののほか、一般に公正妥当と認められる社会福祉法人会計の慣行を斟酌しなければならない。
3　この省令の規定は、社会福祉法人が行う全ての事業に関する会計に適用する。
（会計原則）
第2条　社会福祉法人は、次に掲げる原則に従って、会計処理を行い、計算書類及びその附属明細書（以下「計算関係書類」という）並びに財産目録を作成しなければならない。
　一　計算書類は、資金収支及び純資産の増減の状況並びに資産、負債及び純資産の状態に関する真実な内容を明瞭に表示すること。
　二　計算書類は、正規の簿記の原則に従って正しく記帳された会計帳簿に基づいて作成すること。
　三　採用する会計処理の原則及び手続並びに計算書類の表示方法については、毎会計年度継続して適用し、みだりにこれを変更しないこと。
　四　重要性の乏しいものについては、会計処理の原則及び手続並びに計算書類の表示方法の適用に際して、本来の厳密な方法によらず、他の簡便な方法によることができること。

＊社会福祉法人会計基準（平成28年3月31日厚生労働省令第79号）最終改正：平成28年11月11日厚生労働省令第168号

2 社会福祉法による会計基準の規定

社会福祉法には第4節「計算」以下、会計基準が省令であることを定めている。以下は「29年改正法」による社会福祉法における会計規定(一部抜粋)です。

第4節　計算
　第1款　会計の原則等
第45条の23
　　社会福祉法人は、厚生労働省令で定める基準に従い、会計処理を行わなければならない。
　同条2　(会計年度　省略)
　第2款　会計帳簿
　(会計帳簿の作成及び保存)
第45条の24
　　社会福祉法人は、厚生労働省令で定めるところにより、適時に、正確な会計帳簿を作成しなければならない。
　同条2　社会福祉法人は、会計帳簿の閉鎖の時から10年間、その会計帳簿及びその事業に関する重要な資料を保存しなければならない。

---

3 会計基準の制度的理解

上記の規定のように「社会福祉法」(昭和26年法律第45号)は平成28年4月1日施行の改正法(以下28年改正法という)により、今まで局長通知であった「社会福祉法人会計基準」を、厚生労働省令79号(以下「省令」という)に格上げし、「法令」の一部として規定されました(「社会福祉法」第44条第1項(28年改正法))。[※1]

> ※1　社会福祉法は、28年改正法に対して、平成29年4月1日施行の改正法(以下29年改正法という)が続けて発出されているので少し注意が必要です。これは改正社会福祉法に平成28年4月1日から施行と、平成29年4月1日施行とがあることに起因しています。基本的には「28年改正法」に条文上の規定追加や、実際の改正事項も含まれているという理解でよいのですが、「29年改正法」では条文の追加にあいまって法体系自体の整理編纂がされています。つまり条・項の変更はもとより、見出しの追加・変更等がなされています。

4 会計基準の歴史的変遷

　社会福祉法人が行う全ての事業に関する会計は、この厚生労働省令79号「会計基準省令」（以下「会計基準」という）によらなければならなくなった。従って平成28年4月1日以降、社会福祉法人の会計基準として「会計基準」以外の会計処理は認められていません。

　社会福祉事業は、歴史的経緯から施設主体で運営がなされてきており、いまだ法人主体にものを考えるという発想をなかなか持ちえないという傾向が見受けられますが、少なくとも会計上は、予算編成から決算報告に至るまで統一された会計基準で法人全体の会計処理がなされ、報告されることになりました。

　措置から契約をうたい文句に、鳴り物入りで導入された介護保険制度ですが、その導入以前は、経理規程準則に基づく措置費を何に使ったかを報告する収支計算が中心でした。

　具体的には固定資産物品等の取得に際し、収支計算（入り出）はあっても損益計算という概念がなかったために、その金額の多寡により、収支計算がなされるかもしくは取得時の取得額がそのまま財産目録に計上されていました。

　その後、損益概念が入ってきたため取得額をそのまま計上しておくのではなく、費用収益対応の概念、つまり取得額の収益に対する効果は複数年度に及ぶという考えのもと、取得額はひとまず全額を資産に計上し、耐用年数にわたり減価償却という形で費用化を行っていくということとなりました。

　その一方で社会福祉法人には特有な事象があります。それは固定資産の取得費の中に公的な補助金が含まれる場合があるということです。これを無視して減価償却を行うと損益計算をゆがめるということから、取得額のうち補助金部分に関してはひとまず国庫補助金等特別積立金という純資産に計上し、減価償却に合わせてその積立金を取崩すこととしました。これが収支計算にはない損益計算の非常に特徴的な処理です。

　にもかかわらず、冷静に考えればある種の思惑が働いていたのではないかと思われても仕方ないほど、会計基準は2つのグループ、社会援護局と老健局からそれぞれ異なる会計基準がなぜか同時に発出され、業界はその後、10年以上の月日を混乱の最中に陥れられるという憂き目を経験させられました。さらには、病院会計準則等施設の種類に応じた会計基準が複数併存していたことも、社会福祉法人と所轄の自治体の関係性を混乱におとしめた要因だということは想像に難くありません。ようやく1つに定まりました。その意味で、内部留保問題から端を発した今般の社会福祉法改正は、社会福祉法人会計にとってもエポックメーキングな出来事だといえます。但し現在でも、この会計基準に規定されていない項目については、この省令に定めるところに従い、会計処理を行い、会計帳簿の記録をし、計算書類（貸

借対照表及び収支計算書)、附属明細書、財産目録を作成しなければならないこととされています。　そのため、「一般に公正妥当と認められる社会福祉法人会計の慣行を斟酌する」ものと規定されているのです（会計基準1条2項）。

　そもそも社会福祉法人に対して会計基準というものが適用されるようになったのは、介護保険が導入された平成12年度のことです。しかし一般的な社会福祉法人向けの会計基準（「社会福祉法人会計基準の制定について」（平成12年2月17日　社援第310号、厚生省大臣官房障害保健福祉部長、社会・援護局長、老人保健福祉局長、児童家庭局長））が出たそのすぐあとに、特別養護老人ホームを中心とした介護施設向けに指導指針（指定介護老人福祉施設等に係る会計処理等の取扱いについて）が発出されました。さらには後述しますが、簡便法なるものも登場し、経過措置として、小規模保育所だけの法人の場合、旧来の経理規程準則を使うことも可能でした。また、同じ社会福祉法人の中でも、病院については病院会計準則を採用することを求められるなど、混乱に混乱を呼ぶような状況でした。

5　会計基準の法体系上の位置付け

　憲法、条約、法律、政令、省令、局長通知、課長通知、事務連絡に始まり、条例、規則に至るまでその関係性について整理をしておきます。さらに社会福祉法人会計には、一般に公正妥当と認められる社会福祉法人会計の慣行を斟酌しなければならない（会計基準1条2項）という文言があります。この社会福祉法人会計の慣行とは何かということについても触れておきます。

① 　法律（社会福祉法 [※2, ※3]）

　法律とは国会で制定され、内閣の助言と承認により天皇が公布するものですが（憲法第7条）、現在、社会福祉関連の法令は多岐にわたりその数も増加の一途をたどっています。

② 　命令（政令・省令・通知他）

ⅰ）政令　　内閣において規定されるもので施行令ともいう

ⅱ）省令　　省庁（厚生労働省）において規定されるもので施行規則ともいう

ⅲ）局長通知　省内に11ある各局局長名で通知されるもの　（例）社会援護局長通知

ⅳ）課長通知　省内の各局・各部の傘下にある各課課長により通知されるもの　（例）社会援護局総務課長通知

ⅴ）事務連絡　上記の通知を補うもの。公文書ではないというところに特徴がある。

③ 　条例・規則　法律の範囲内で地方公共団体が制定する自治法。

④ 　会計慣行　一般に公正妥当と認められる社会福祉法人会計の慣行[※4]。

※2　成文法としては、国の法律の最高法規である憲法。国際法上、国連、国家間で結ばれる条約が法律に優先することはいうまでもありません。社会福祉分野ではその後の社会保障・社会福祉政策を大きく変えた違憲裁判や、国連の人権宣言や障害者権利条約がこの条約にあたります。

　　　この国際法である条約を国が批准することで、国内法を整備する必要が出てきます。障害者関連法が近年改正されたことの発端は、国連の障害者権利条約を批准したことによります。なお憲法と条約の優先については論争があります。

　　　成文法以外に不文法というものがあります。これは英米法と大陸法という歴史上の法律の扱いから影響する分野であり、日本では慣習法、判例法、条理がこれにあたります。一定の範囲の関係者の中で慣習として繰り返し行われるようになったもので法的効力をもつものが慣習法ですが、会計基準でいう一般に公正妥当と認められた社会福祉法人会計の慣行というものの考え方自体は、この慣習法に近いと考えられます。

※3　戦後まもなく制定された福祉三法体制（児童福祉法・身体障害者福祉法・生活保護法）に始まり、高度経済成長期には、福祉のあり方が問い直され、福祉六法体制（知的障害者福祉法・老人福祉法・母子及び父子並びに寡婦福祉法）として整備され、近年は障害者総合支援法や各対象者別の虐待防止関連法など様々な法令が制定されています。なお、社会福祉法は制定の時期とは別に、医療法の色彩の強い老人福祉法とともに福祉八法と呼称されることがあります。

　　　社会福祉関連法のなかで、社会福祉を目的とする事業の全分野における共通的基本事項を定めた法律が社会福祉法です。ここに社会福祉法（旧「社会福祉事業法」）とは昭和26年、旧民法に規定されていた公益法人の特別法人として社会福祉法人が創設された時に制定され、社会福祉を目的とする事業の全分野における共通的基本事項を定め、福祉サービスの利用者利益の保護、地域福祉の推進を図るなどとして社会福祉の増進に資することを目的とした法律となっています。

　　　介護保険制度が導入された平成12年の法律改正時に「社会福祉法」に名称が改称されました。現在、公益法人改革の一環として社会福祉法は位置付けられています。規定上、一部「一般社団法人及び一般財団法人に関する法律」を準用していますが、これは「一般社団法人及び一般財団法人に関する法律」が社会福祉法の一般法にあたるためです。

※4　企業会計では、一般に公正妥当と認められた会計慣行を斟酌するといえば、まずは金融庁（旧大蔵省）の企業会計審議会（現在は企業会計基準委員会が実施主体）による企業会計原則をいいます。また、文字通り一般に公正妥当と認められた会計慣行とは、米国の財務会計審議会（FASB/financial accounting standards board）による一般に公正妥当と認められた会計基準（GAAP/general accepted accounting principle）が起源です。

　　　会計基準は法律ですべてを規定するのではなく、企業会計の実務の中で慣習として発達したものの中から、一般に公正妥当と認められる基準を要約するというのは、会計の一つの知恵ともいうべきものです。ちなみに企業会計原則では一般原則として①真実性の原則、②正規の簿記の原則、③資本取引・損益取引区分の原則、④明瞭性の原則、⑤継続性の原則、⑥保守主義の原則、⑦単一性の原則及び一般原則上の規定ではないが⑧重要性の原則をあげています。社会福祉法人会計基準には、そのすべてではないが前出のように規定されています。

　社会福祉法人の会計慣行上、この一般に公正妥当と認められる社会福祉法人の会計の慣行のなかに、局長通知と課長通知が入るとする意見に対し、すでに制度となればもはや会計慣行ではないのではないかという異論もあります。

6 会計基準と介護保険制度

① 介護保険制度

年金保険・医療保険・雇用保険・労災保険に加えて、平成12年に5つ目の社会保険制度として介護保険が導入されました。これにより高齢者介護は税金が中心の公的扶助の対象から、保険料が中心の社会保険制度として整備されることになりました。

② 措置制度

介護保険導入前の特別養護老人ホームは公的扶助の対象者が生活するいわゆる措置施設でした。現在でも養護老人ホームはこの措置施設にあたります。措置施設とは、地方公共団体がサービスの利用対象者に対して、社会福祉施設に入所措置という形で委託をします。地方公共団体が措置の実施者になり、委託費として対象者の生活費及び施設の事務費を支払い、施設は入所を受託した対象者にサービスを提供します。ここで仮に本人（場合によっては扶養義務者）に対し、負担能力に応じた費用徴収をすることがあっても、それは応益負担による実費弁償という考え方ではありません。また社会保険によるものでもありません。公的扶助は、主に税金を中心とした公費により賄われているため、原則としてサービスを自由に選択する余地はほぼないのです。この措置時代には措置権者への報告を目的にしていたという意味で、経理規程準則（社会福祉施設を経営する社会福祉法人の経理規程準則について　昭和51年1月31日社施第25号厚生省社会局長、児童家庭局長）はいわゆる会計基準とは異なるものでした。

③ 契約制度

一方の社会保険である介護保険は、保険料の拠出を根拠に、サービスの給付を複数のサービス主体の中から自由に選択し、独自に契約ができる制度です。もっとも介護保険に限らずその他の社会保険に関して、社会保険として全体の収入額のうち保険料で賄われている比率の高い労災保険であっても国庫負担はあるため、国庫等（公費）からの収入があるか否かということではなく、全額公費なのか原則社会保険料によるものなのかというので、サービスの選択ができるか否かということではありません。さらにサービス提供の主体を選ぶに際して、提供者が複数あるかどうかは、社会保険制度として介護保険を導入したこととは直接関係なく、事業者の参入の問題です。

一般に介護保険制度が導入されることで、措置から契約になったといわれるのはこのような理由によるものです。

7 | 会計基準と損益概念

　介護保険導入時、社会福祉法人の会計の中に損益概念が初めて取り入れられました。これは前述のように、公的扶助であった社会福祉の分野に介護保険という社会保険制度が導入されたことがきっかけで、措置から契約、運営から経営という大きな変革があったためです。それまで社会福祉法人は措置制度の時代で、公的扶助を行う措置権者（地方公共団体）に対して、収支計算の結果を報告することが主たる会計の目的でした。これが社会保険として個別契約となったことで利害関係者が増え、経営の継続性を維持するため等、正確な損益計算が不可欠になったのです。

　ここに収支計算と損益計算の大きな違いとは、減価償却に代表される期間計算（期間損益を計算をするといったほうが正確）をする必要性がなかった時代と、必要になった時代の会計のあり方の違いだといってよいでしょう。

　1年間の経営成績の報告書がいわゆるP/L（profit and loss statement）すなわち損益計算書ですが、会計基準では「事業活動計算書」となっています。その経営成績の結果である当期利益が会計基準では「当期活動増減差額」です。企業会計と呼称ないし表記を変えているのは、社会福祉法人の会計報告は、そもそも儲けるために事業を行っているのではないという前提の表れだと言われています。

8 | 会計理論からみた会計基準

　減価償却を例に考えてみます。一般的な理解として、減価償却はものの価値が下がっていくものとして説明されます。例えば、この車は十分償却し終えたという表現などがその例です。また、少し経理をかじったことがある人にしてみれば、いやいや、ある一定価額以上のものを買ったときに、全額は落とせないので何年かにわたって経費に振り替えること。一度に落とせるのは30万円までだというようなとらえ方をされることがあります。

　必ずしも間違っているわけではありませんが、この減価償却という実にわかりにくい概念は、先の利益概念でもある期間損益計算の結果です。それは、法人は継続するという考え方が基礎になければ出てこない概念です。会計理論的に言うと、下位概念である会計公準、上位概念である具体的な会計処理である「会計手続き」を通して理解すると、減価償却の意味がよく理解です。

　減価償却を会計理論的にとらえてみます。
① 会計公準（会計の基準や処理が成立するための前提や仮定となるもので、解散・清算をしないで法人は継続するということ）

② 会計基準（会計原則）（一般的な行為規範をいい、法人が継続するすることを前提に期間損益を計算すること。すでに支出があり、次年度以降にその効果が継続するということで、固定資産を資産計上し、その後、定められた年数（耐用年数）にわたって、減価償却をしていく（費用化する）ということ）。
③ 会計処理（具体的な処理方法をいい、期間損益を計算するために、毎期採用する減価償却の方法として、定率法（定額法）を使うこと）

2 運用指針

「社会福祉法人会計基準の制定に伴う会計処理等に関する運用上の取扱いについて」（いわゆる局長通知）、「社会福祉法人会計基準の制定に伴う会計処理等に関する運用上の留意事項について」（いわゆる課長通知）が、遵守をすべき会計基準を補完する運用指針となります。ここに局長通知とは厚生労働省雇用均等・児童家庭局長、同社会・援護局長、同老健局長連名の通知で、雇児発0331第15号、社援発0331第39号、老発0331第45号をいいます。さらに課長通知とは、厚生労働省雇用均等・児童家庭総務課長、同社会・援護局福祉基盤課長、同社会・援護局障害保健福祉部障害福祉課長、同老健局総務課長連名の通知で、雇児総発0331第7号、社援基発0331第2号、障障発0331第2号、老総発0331第4号をいいます。

平成28年4月1日以降、会計基準が省令となったことに伴い、局長通知、課長通知においてその具体的な処理方法を明示することにより、実務の判断基準となっています。

3 経理規程モデル

全国社会福祉施設経営者協議会（経営協）では、（旧）社会福祉法人会計基準（平成12年2月17日 社援第310号通知）発出に伴い、「社会福祉法人モデル経理規程（平成12年3月31日 厚生省社会・援護局施設人材課施設係長事務連絡）」を策定・公表していましたが、社会福祉法人会計基準（平成23年7月27日 雇児発0727第1号、社援発0727第1号、老発0727第1号厚生労働省雇用均等・児童家庭局長、社会・援護局長、老健局長連名通知）」による社会福祉法人会計基準の改正に伴う、「社会福祉法人会計基準適用上の留意事項（運用指針）」において、経理規程の位置付けが明らかにされています。

> 「社会福祉法人会計基準適用上の留意事項（運用指針）」
> 1　管理組織の確立（一部省略）
> 4）　法人は、上記事項を考慮し、会計基準に基づく適正な会計処理のために必要な事項について経理規程を定めるものとする。

　会計基準省令79号施行に伴い、「（経営協）社会福祉法人モデル経理規程」の見直しが行われましたが、今回、厚生労働省からの通知としては発出されていません。「モデル経理規程」は社会福祉法人に画一的な規程の作成を強いるものではないため、各法人は、「モデル経理規程」を参考資料と位置付け、それぞれの事情に応じた法人独自の経理規程を策定することとされています。

4　日本公認会計士協会（JICPA）からの各種報告

　日本公認会計士協会から、社会福祉法人会計に関する各種報告が出ていますが、原則としては、公認会計士協会会員が会計監査業務を実施する際の判断の根拠資料として公表されています。公認会計士は、監査上の判断を行う際には、協会からの報告等を遵守する義務があります。

　しかし、一般の社会福祉法人は、必ずしも会計士協会の報告に従う義務はありませんが、会計専門家が行う判断と異なる処理を行う場合、相当の根拠が必要となります。従って、一般の社会福祉法人も公認会計士協会の報告を参考に実務上の判断をすれば、適切な会計処理が行えるものと考えられます。

> 日本公認会計士協会から公表されている通知等（平成29年10月末現在）
>
> ・非営利法人委員会実務指針第40号
> 　「社会福祉法人の計算書類に関する監査上の取扱い及び監査報告書の文例」（平成29年4月27日）
> ・非営利法人委員会研究報告第17号
> 　「監査基準委員会報告書315『企業及び企業環境の理解を通じた重要な虚偽表示リスクの識別と評価』を社会福祉法人に適用する場合の留意点」（平成25年12月3日最終改正）
> ・非営利法人委員会研究報告第19号
> 　「監査基準委員会報告書240『財務諸表監査における不正』を社会福祉法人監査に適用する場合の留意点」
> 　（平成25年12月3日最終改正）

・非営利法人委員会研究報告第26号
　「社会福祉法人会計基準に基づく財務諸表等の様式等に関するチェックリスト」（平成25年12月3日）
・非営利法人委員会研究報告第27号
　「社会福祉法人の経営指標～経営状況の分析とガバナンス改善に向けて～」（平成26年年7月24日）
・非営利法人委員会研究報告第33号
　「社会福祉法人の理事者確認書に関するＱ＆Ａ」（平成29年7月18日）
・非営利法人委員会研究資料第5号
　「社会福祉法人会計基準に関する実務上のＱ＆Ａ」（平成24年7月18日）
・自主規制・業務本部　平成28年審理通達第1号
　「社会福祉法人の会計監査人就任に当たっての独立性に関する留意事項」（平成28年4月1日）

第3章

会計監査及び専門家による支援等
（厚生労働省通知より抜粋）

　社会福祉法の改正により、社会福祉法人制度の改革が行われ、社会福祉法人の経営組織のガバナンスの強化を図る観点から、一定規模を超える法人について、会計監査人の設置が義務付けられました。
　また、「社会福祉法人の認可について」の改正により、「会計監査を受けない法人においては、財務会計に関する内部統制の向上に対する支援又は財務会計に関する事務処理体制の向上に対する支援について、法人の事業規模や財務会計に係る事務態勢等に即して、公認会計士、監査法人、税理士又は税理士法人（中略）を活用することが望ましいこと。」（審査基準第3の6（1））とされました。
　「会計監査」又は「専門家による支援」を受けた法人については、（法人）指導監査を行う場合、一般監査の実施の周期の延長等を行うことができることとされています。

1 会計監査及び専門家による支援

1 会計監査

　法人の受ける会計監査は、法令の定めにより会計監査人の設置義務を負う法人における「会計監査人による監査」又は会計監査人設置義務を負わない法人において定款の定めにより「会計監査人を設置して行われる会計監査」、法令又は定款の規定には該当しないが「会計監査人による監査に準ずる監査」としておこなわれるものとなります。

①　会計監査人による監査

　会計監査人は、法人に対し「独立監査人の監査報告書」（法第45条の19第1項）及び「監査実施概要及び監査結果の説明書」を提出します。

　この「監査実施概要及び監査結果の説明書」は、監査の実施概要や監査の過程で発見された内部統制の重要な不備等を記載した長文式の報告書です。

※「独立監査人の監査報告書」並びに「監査実施概要及び監査結果の説明書」の作成の具体的方法及び留意事項等については、「社会福祉法人の計算書類に関する監査上の取扱い及び監査報告書の文例」（平成29年4月27日日本公認会計士協会非営利法人委員会実務指針第40号）を参照して下さい。

②　会計監査人による監査に準ずる監査

　法人は、「会計監査人による監査に準ずる監査」を受けたときも、上記と同様に「独立監査人の監査報告書」並びに「監査実施概要及び監査結果の説明書」を公認会計士又は監査法人から受領して下さい。

　なお、契約に係る透明性を確保する観点から、会計監査人による監査に準ずる監査に係る契約を締結する場合、会計監査人を設置する場合と同様に、複数の候補者から提案書を入手し、法人において選定基準を作成し、当該提案書に記載された提案の内容について比較検討の上、契約の相手方として選定することとなっており、価格のみを基準として選定することは適当でないとされています。

2 専門家による支援

「専門家による支援」は、会計監査を受けない法人において、財務会計に係る事務体制等に即して、必要に応じて行われるものです。

「財務会計に関する内部統制の向上に対する支援」又は「財務会計に関する事務処理体制の向上に対する支援」のいずれかを受ける場合、毎年度継続して支援を受けることで、内部統制又は事務処理体制が整備されることとなります。

① 財務会計に関する内部統制の向上に対する支援

「財務会計に関する内部統制の向上に対する支援」とは、公認会計士等（公認会計士又は監査法人）との間で締結する契約に基づき、公認会計士等が、「（別添1）財務会計に関する内部統制の向上に対する支援業務実施報告書」に記載された支援項目等について検討し、発見した課題及び改善提案を行うものです。

※この支援業務は、原則として、会計監査人設置義務基準の段階的な拡大により、将来的に会計監査人設置義務法人となることが見込まれる法人に対して実施することとなります。

② 財務会計に関する事務処理体制の向上に対する支援

「財務会計に関する事務処理体制の向上に対する支援」は、専門家との間で締結する契約に基づき、専門家が「（別添2）財務会計に関する事務処理体制の向上に対する支援業務実施報告書」に記載された支援項目の確認及びその事項についての所見をのべるものとなります。

2 一般監査の実施の周期の延長及び指導監査事項の省略

「一般監査の実施の周期」に基づく周期の延長の判断（実施要綱3）及び「指導監査事項の省略等」に基づく指導監査事項の省略を行うかどうかの判断（実施要綱4）については、毎年度、法人から提出される計算書類、附属明細書、財産目録に加え、次に掲げる区分に応じ、法人から提出を受けた書類の確認を受ける必要があります。

① 会計監査人による監査若しくは会計監査人による監査に準ずる監査を受けた場合における一般監査の実施の周期の延長の判断、又は指導監査事項の省略の判断
　➡「独立監査人の監査報告書並びに監査実施概要及び監査結果の説明書」
② 専門家による支援を受けた場合における一般監査の実施の周期の延長の判断、又は専門家による支援を受けた場合における指導監査事項の省略の判断
　➡「専門家が当該支援を踏まえて作成する書類（別添１又は別添２）」

別添１

財務会計に関する内部統制の向上に対する支援業務実施報告書

平成×年×月×日

社会福祉法人×××
理事長　××××　殿

支援業務実施者（注１）
公認会計士　　××××　印

　貴法人より委嘱を受け、平成○年○月○日から平成○年○月○日に社会福祉法人×××において実施した、財務会計に関する内部統制の向上に対する支援業務は下記のとおりです。

記

支援項目及び発見された課題並びに改善提案の詳細については別紙を参照下さい。

　本業務は、貴法人における「財務会計に関する内部統制の向上に対する支援」を行うもので、発見された課題への記載事項は、業務実施の過程で発見されたものであり、当該記載事項が貴法人における全ての問題点を網羅していることを保証するものではありません。また、当該業務の結果として、貴法人の業務運営の適正性、計算書類の適正性を保証するものではありません。本業務の実施が、支援業務実施者の貴法人に対する監査業務の受嘱を保証するものではありません。
　この報告書は、所轄庁への報告及び貴法人の内部での利用を前提に作成しておりますので、上記以外に利用される場合には、事前に支援業務実施者の了解を得ていただくことが必要です。

以　上

（注１）支援業務実施者（公認会計士、監査法人）にあわせて、記名、押印のこと。

財務会計に関する内部統制に対する支援項目リスト

1. 法人全般の統制
※ 業務の実施に当たっては、「社会福祉法人指導監査実施要綱の制定について」の別添「社会福祉法人指導監査実施要綱」の別紙「指導監査ガイドライン」の「Ⅰ 法人運営」についても留意すること。

No.	項目	課題	改善提案
1-1	ガバナンス体制について（理事会、評議員会、監事等） ○支援の視点 ・定款の作成・変更手続について ・内部管理体制の整備状況について[1] ・評議員及び評議員会について 　・評議員の選任手続について 　・評議員会の開催（招集手続、出席状況、決議（定足数の充足等）、開催頻度、議事録の作成、等）について ・理事及び理事会について 　・理事の選任手続について 　・理事会の開催（招集手続、出席状況、決議（定足数の充足等）、開催頻度、議事録の作成、等）について ・監事及び監事監査について 　・監事の選任手続について 　・監事の監査実施概要について 　・監事と内部監査人との連携状況について ・役員及び評議員に対する報酬等の決定手続について ・理事長・施設長による会議の開催（位置づけ、会議規程の有無、構成員、開催頻度、招集手続、会議と決裁の手順、議事録の作成、等）について ・法人本部機能運営（法人本部設置の有無、役割、本部の職務分掌・職務権限等）について ・その他（業務実施者が必要と認めた事項）		
1-2	各種規程・業務手順書の整備について ○支援の視点 ・規程の整備について ・業務手順書の整備について ・規程・業務手順書の役職員への周知の仕組みについて ・その他（業務実施者が必要と認めた事項）		
1-3	職務分掌・職務権限体制について ○支援の視点 ・重要な契約行為について、担当者や理事等が単独で契約を進めることができない仕組みについて ・職務分掌・職務権限の明確化について ・稟議規程の整備について ・稟議制度、職務権限の周知について ・過度な兼任や権限移譲により職務分掌・職務権限体制が無		

No.	項　　目	課　題	改善提案
1-3	効化されている状況がないかについて • 公印の保管・管理について • 公印の代理押印の報告について • 稟議書の管理について • その他（業務実施者が必要と認めた事項）		
1-4	予算実績分析体制について ○支援の視点 • 予算の策定手続について • 予算の承認手続について • 予算と実績の比較頻度及び分析状況について • 予算差異の報告について • 予算の流用及び補正に係る手続について • その他（業務実施者が必要と認めた事項）		
1-5	ITの管理体制について ○支援の視点 • 責任者の設置について • 規程の整備について • 情報機器の保管状況とアクセス制限について • 共有データへのアクセス制限について • モニタリングについて • データのバックアップについて • パスワードの管理について • 特権IDの管理について • 承認なくシステムの設定変更が行われない仕組について • ITシステムが行う処理の理解について • 決算で必要な情報閲覧が可能かについて（遡った情報の閲覧、必要な期間にわたる情報の保存等） • その他（業務実施者が必要と認めた事項）		
1-6	コンプライアンス ○支援の視点 • 理事長の経営方針及び組織風土について • 法令や規制遵守が行われるための仕組について • 規程の整備について • 職員への周知について • 職員のローテーションについて • 内部通報制度について • 行政指導監査における指摘事項に対する対応状況について • 役員等に対する特別な利益供与の状況について • 日常的なモニタリングの実施状況について • 資産総額の変更登記の状況について • 法人所有資産の登記の状況について • 人員の配置状況及び人員基準の準拠状況について • その他（業務実施者が必要と認めた事項）		

No.	項　　目	課　題	改善提案
1-7	リスクマネジメント ○支援の視点 ・法人全体としての財務に影響を及ぼすリスクの把握について ・法人全体としての財務に影響を及ぼすリスクに対する対応方針について ・その他（業務実施者が必要と認めた事項）		
1-8	人材育成 ○支援の視点 ・職位と役割の明確化について ・職員のキャリアアッププランの明確化について ・職員の評価制度について ・職員が職務に必要とされる知識と技能を獲得するための仕組みについて ・職員のメンタルケア体制の整備について ・人材育成制度の明確化及び職員への周知について ・その他（業務実施者が必要と認めた事項）		
1-9	関連当事者との取引 ○支援の視点 ・関連当事者の範囲の把握について ・関連当事者との取引をもれなく把握する体制について ・関連当事者と取引を行う場合の承認体制について ・その他（業務実施者が必要と認めた事項）		
1-10	情報管理体制 ○支援の視点 ・利用者及び職員の個人情報の管理体制について ・利用者及び職員のマイナンバーの管理体制について ・その他（業務実施者が必要と認めた事項）		
1-11	情報公開 ○支援の視点 ・所轄庁への届出状況について ・各種書類等の備え置き及び閲覧体制について ・各種書類等のインターネット等による情報公開の状況について ・その他（業務実施者が必要と認めた事項）		

2．各種事業の統制
　※　業務の実施にあたっては、「社会福祉法人指導監査実施要綱の制定について」の別添「社会福祉法人指導監査実施要綱」の別紙「指導監査ガイドライン」の「Ⅲ　管理　3　会計管理」についても留意すること。

No.	項目	課題	改善提案
2-1	収益認識 ○支援の視点 • 利用者との契約手続及び利用者情報の管理体制について • 介護報酬等の各種加算の算定状況及び要件の充足状況について • 介護報酬等の減算適用の有無の確認について • 介護報酬等の請求手続の管理について • 寄附金の受入管理体制について • 補助金・助成金の申請・管理体制について • 受託収益、指定管理料の請求・管理体制について • 収益が現金主義ではなく、実現主義で計上(提供した物品やサービスに基づいて計上)されているかについて • 収益・債権の計上漏れ、二重計上を防ぐ仕組みについて • 入金管理・債権管理について • 債権金額と関連証憑書類との定期的な照合について • その他(業務実施者が必要と認めた事項)		
2-2	購買取引 ○支援の視点 • 経理規程等に従った購買取引の実施について(入札の実施や契約書の締結状況等) • 発注業務、検収業務、支払業務の職務分掌・承認体制について • 購買先選定の透明性について • 購買取引が発生主義で計上(物品やサービスの受領・検収に基づいて計上)されているかについて • 費用・債務の計上漏れ、二重計上を防ぐ仕組みについて • 発注した物品やサービスの受領・検収状況の確認(納品時の検品のみならず、当該納品が発注通りの納品であるかの確認も含む)について • 受領した物品やサービスについてのみ支払処理が行われる仕組みについて • 支払に際しての承認体制について • 債務金額と請求書残高との定期的な照合について • 会計帳簿と関連証憑の保管・整備状況について • その他(業務実施者が必要と認めた事項)		
2-3	固定資産管理 ○支援の視点 • 固定資産台帳と固定資産の現物の関連性の明確化について • 固定資産の取得、除却、売却、移動が固定資産台帳にもれなく登録される仕組みについて • 固定資産台帳と現物の定期的な照合(実地棚卸)について • 固定資産台帳と会計帳簿の定期的な照合について • 法人所有の財産と預かり財産の区別について		

No.	項　　目	課　題	改善提案
2-3	・減価償却資産の登録及び計算について ・国庫補助金等で固定資産を取得した場合の国庫補助金等特別積立金の計上及びその取り崩しについて ・その他（業務実施者が必要と認めた事項）		
2-4	財務・資金管理 ○支援の視点 ・現金の保管・管理体制について ・契約処理、出納処理についての職務分掌について ・経理規程に基づいた入金取引、出金取引について ・領収書管理について ・現金実査結果と会計帳簿残高の定期的な照合について ・仮払金の管理体制について ・銀行印、通帳の保管・管理体制について ・インターネットバンキングの管理体制について ・キャッシュカード、クレジットカード、ICカードの管理体制について ・預金の銀行残高証明金額や通帳残高と会計帳簿残高との定期的な照合について ・有価証券について、証券会社等の残高証明書との定期的な照合について ・資金運用規程・投資リスク管理方針の整備について ・投資取引を行う場合の承認手続体制について ・借入取引を行う場合の承認手続体制について ・投資取引、借入取引が適時にもれなく記帳される仕組について ・借入取引の利息計算・計上について ・投資取引、借入取引等の各種補助簿と会計帳簿の定期的な照合について ・法人資産と入居者等からの預り資産の区分について ・利用者預り金に関する管理体制について ・利用者立替金に関する管理体制について ・その他（業務実施者が必要と認めた事項）		
2-5	人件費管理 ○支援の視点 ・職員の人事管理記録の整備について ・採用者、退職者について、給与マスターファイルへの追加、削除が適時に漏れなく行われる仕組について ・給与控除、源泉徴収、その他給与マスターファイルへの変更管理について ・執務時間の記録及び管理状況について ・給与の計算方法について ・給与支払に関する承認体制について ・給与計算台帳と会計帳簿の定期的な照合について ・その他（業務実施者が必要と認めた事項）		

No.	項　　目	課　題	改善提案
2-6	在庫管理 ○支援の視点 ● 在庫の受払記録の作成について ● 実地棚卸の実施体制及び会計帳簿への反映について ● 在庫の受払記録と会計帳簿の定期的な照合について ● その他（業務実施者が必要と認めた事項）		

3．決算の統制
※　業務の実施にあたっては、「社会福祉法人指導監査実施要綱の制定について」の別添「社会福祉法人指導監査実施要綱」の別紙「指導監査ガイドライン」の「Ⅲ　管理　3　会計管理」についても留意すること。

No.	項　　目	課　題	改善提案
3-1	決算・財務報告に関する規程の整備 ○支援の視点 ● 決算・財務報告の基礎となる規程や業務の手順が整備されているかについて ● 決算・財務報告の基礎となる規程や業務の手順は、各拠点間で整合しているかについて ● その他（業務実施者が必要と認めた事項）		
3-2	決算・会計業務体制 ○支援の視点 ● 会計担当部署の組織体制について ● 新会計基準（「社会福祉法人会計基準」（平成28年厚生労働省令第79号）他）への移行について ● 会計業務に係るセキュリティー体制について ● 会計処理の検閲及び会計処理の承認手続について ● 財務報告へ重要な影響を与える事項について、法人内の各拠点、各事業部門から情報が収集できる体制の整備について ● 基礎的な勘定科目体系及びその内容は各拠点間で整合しているかについて ● 会計方針が各拠点間で整合しているかについて ● 補助簿と総勘定元帳の整合性の確認について ● 決算スケジュールについて ● 例外的な処理を行う場合の手続について ● その他（業務実施者が必要と認めた事項）		
3-3	各種証憑の整備体制について ○支援の視点 ● 会計処理の根拠資料が網羅的に保管されているかについて ● 会計処理の根拠資料が検証可能な形で整理されているかについて ● その他（業務実施者が必要と認めた事項）		

No.	項　　目	課題	改善提案
3-4	決算の実施 〇支援の視点 ・決算に必要な情報の識別及び収集について ・決算作業の職務分掌と承認について ・その他（業務実施者が必要と認めた事項）		
3-5	各勘定科目の統制 〇支援の視点 ・主要な勘定科目の決算作業プロセスの明確化について ・各勘定科目の内訳明細の中に内容が不明な項目がないかについて ・徴収不能引当金の計上について ・賞与引当金の計上について ・退職給付引当金の計上について ・その他引当金の要件を満たす取引の有無を把握する仕組及びその計上について ・期末における資産の評価について ・未収、未払の経過勘定、未決済項目の把握・計上について ・その他（業務実施者が必要と認めた事項）		
3-6	計算書類の開示・保存 〇支援の視点 ・計算書類等（計算書類、附属明細書、財産目録他）の作成状況について ・計算書類等（計算書類、附属明細書、財産目録他）の様式について ・注記が必要な項目を把握する体制について ・計算書類等の金額と主要簿との整合性について ・各種開示書類、開示項目間の整合性の確認について ・計算書類等（計算書類、附属明細書、財産目録他）の保存状況について ・その他（業務実施者が必要と認めた事項）		
3-7	内部取引の把握と相殺消去 〇支援の視点 ・法人が行う内部取引の内容について ・法人が使用する財務会計システムの内部取引の入力方法と相殺消去に係る仕様について ・内部取引の財務会計システムへの入力の手順について ・内部取引に係る証憑・帳簿・その他管理資料の整備 ・内部取引の整合性の確認方法について ・内部取引の不一致時の手続について ・その他（業務実施者が必要と認めた事項）		

1 内部管理体制の整備として、一定規模を超える社会福祉法人（会計監査人の設置が義務付けられる法人と同様）には、社会福祉法人の業務の適正を確保するための体制（社会福祉法施行規則第2条の16）が要請されています。

別添2

財務会計に関する事務処理体制の向上に対する支援業務実施報告書

平成×年×月×日

社会福祉法人×××
理事長 ×××× 殿

支援業務実施者（注1）
　　税　理　士　　××××　印
　　公認会計士　　××××　印

　貴法人より委嘱を受け、平成〇年〇月〇日から平成〇年〇月〇日に社会福祉法人×××において実施した、財務会計に関する事務処理体制の向上に対する支援業務は下記のとおりです。

記

　支援項目及びその事項についての所見の詳細については別紙を参照ください。

　本業務は、貴法人における「財務会計に関する事務処理体制の向上に対する支援」を行うもので、所見への記載事項は、業務実施の過程で発見されたものであり、当該記載事項が貴法人における全ての問題点を網羅していることを保証するものではありません。また、当該業務の結果として、貴法人の業務運営の適正性、計算書類の適正性を保証するものではありません。
　この報告書は、所轄庁への報告及び貴法人の内部での利用を前提に作成しておりますので、上記以外に利用される場合には、事前に支援業務実施者の了解を得ていただくことが必要です。

以　上

（注1）支援業務実施者（税理士、税理士法人、公認会計士又は監査法人）にあわせて、記名、押印のこと。

財務会計に関する事務処理体制に係る支援項目リスト

※ 業務の実施にあたっては、「社会福祉法人指導監査実施要綱の制定について」の別添「社会福祉法人指導監査実施要綱」の別紙「指導監査ガイドライン」の「Ⅲ管理3会計管理」についても留意すること。

No.	勘定科目・項目等	確認事項	残高等	チェック		
1	予算	収支予算は、毎会計年度開始前に理事長が作成し、定款の定めに従い適切な承認を受けているか。		YES	NO	所見
		予算執行中に、予算に変更事由が生じた場合、理事長は補正予算を作成し、定款の定めに従い適切な承認を受けているか。		YES	NO	所見
2	経理体制	経理規程が制定されているか。		YES	NO	所見
		統括会計責任者や会計責任者が置かれ、それらの者とは別の現金管理責任者(出納職員)が置かれているか。		YES	NO	所見
		定款、法人が行っている事業の実態、法令等の事業種別等に基づき事業区分、拠点区分、サービス区分は適切に設定されているか。		YES	NO	所見
		勘定科目は、「社会福祉法人会計基準の制定に伴う会計処理等に関する運用上の留意事項について」別添3に準拠しているか。		YES	NO	所見
3	会計帳簿	正規の簿記の原則に従って適時に正確な会計帳簿を作成しているか。		YES	NO	所見
		計算書類に係る各勘定科目の金額は、主要簿(総勘定元帳等)と一致しているか。		YES	NO	所見
		基本財産(有形固定資産)及びその他の固定資産(有形固定資産、無形固定資産)の金額は、固定資産管理台帳と一致しているか。		YES	NO	所見
		計算書類に係る各勘定科目の金額は、補助簿(現金出納帳、棚卸資産受払台帳、有価証券台帳等)と一致しているか。		YES	NO	所見
		経理規程に定められた会計帳簿(仕訳日記帳、総勘定元帳、補助簿及びその他の帳簿)は拠点区分ごとに作成され、備え置かれているか。		YES	NO	所見

No.	勘定科目・項目等	確認事項	残高等	チェック		
4	計算書類等	法人が作成している計算書類は、経理規程と一致しているか。		YES	NO	所見
		決算手続に際して各種機関の監査・承認及び日程等は法令及び定款の定めに従い適正に行われているか。		YES	NO	所見
		計算書類が様式に従って作成されているか。		YES	NO	所見
		貸借対照表上、基本財産として表示されているものは定款の定めと対応しているか。		YES	NO	所見
		貸借対照表上、未収金、前払金、未払金、前受金等の経常的な取引によって発生した債権債務は、流動資産又は流動負債に表示されているか。		YES	NO	所見
		貸借対照表上、貸付金、借入金等の経常的な取引以外の取引によって発生した債権債務については、貸借対照表日の翌日から起算して1年以内に入金又は支払の期限が到来するものは流動資産又は流動負債に、入金又は支払の期限が1年を超えて到来するものは固定資産又は固定負債に表示されているか。		YES	NO	所見
		法人が作成している附属明細書は、経理規程と一致しているか。		YES	NO	所見
		法人全体及び拠点区分ごとに作成すべき附属明細書が全て作成されているか。		YES	NO	所見
		附属明細書が様式に従って作成されているか。		YES	NO	所見
		附属明細書の勘定科目と金額は、計算書類と整合性がとれているか。		YES	NO	所見
		財産目録が記載すべき事項及び様式に従って作成されているか。		YES	NO	所見
		財産目録の勘定科目と金額は、法人単位貸借対照表と整合性がとれているか。		YES	NO	所見
5	資産、負債の基本的な会計処理	資産は、原則として、取得価額(受贈又は交換によって取得した資産については、その取得時における公正な評価額)で計上されているか。		YES	NO	所見
		負債のうち、債務は、原則として、債務額で計上されているか。		YES	NO	所見

No.	勘定科目・項目等	確 認 事 項	残高等	チェック		
6	収益、費用の基本的な会計処理	収益は、原則として、物品の販売又はサービスの提供等を行い、かつ、これに対する現金及び預金、未収金等を取得した時に計上され、費用は、原則として、費用の発生原因となる取引が発生した時又はサービスの提供を受けた時に計上されているか。(発生主義)		YES	NO	所見
		収益とこれに関連する費用は、両者を対応させて期間損益が計算されているか。		YES	NO	所見
7	内部取引	内部取引は相殺消去されているか。	無	有		
				YES	NO	所見
8	預貯金・積立資産	残高証明書等により残高が確認されているか。	無	有		
				YES	NO	所見
9	徴収不能額	法的に消滅した債権又は徴収不能な債権がある場合、これらについて徴収不能額が計上されているか。	無	有		
				YES	NO	所見
10	有価証券	満期保有目的の債券以外の有価証券で、市場価格のあるものは、時価で計上されているか。	無	有		
				YES	NO	所見
		満期保有目的の債券を債券金額より低い価額又は高い価額で取得した場合において、取得価額と債券金額の差額の性格が金利の調整と認められるときは、償却原価法に基づいて算定されているか。(なお、取得価額と債権金額との差額について重要性が乏しい満期保有目的の債券については、償却原価法を適用しないことができる。)	無	有		
				YES	NO	所見
		有価証券について、会計年度の末日における時価がその時の取得価額より著しく低い場合、当該有価証券の時価がその時の取得原価まで回復すると認められる場合を除き、時価が付されているか。	無	有		
				YES	NO	所見
		上記以外の有価証券は取得価額で計上されているか。	無	有		
				YES	NO	所見
11	棚卸資産	棚卸資産について、会計年度の末日における時価がその時の取得原価よりも下落した場合、時価が付されているか。	無	有		
				YES	NO	所見
12	経過勘定	経過勘定がある場合、前払費用及び前受収益は、当期の損益計算に含まれず、また、未払費用及び未収収益は、当期の損益計算に反映されているか。	無	有		
				YES	NO	所見

No.	勘定科目・項目等	確認事項	残高等	チェック		
				有		
13	固定資産	有形固定資産は、定額法又は定率法のいずれかの方法に従い、無形固定資産は、定額法により、相当の減価償却が行われているか。	無	YES	NO	所見
				有		
		固定資産について、会計年度の末日における時価がその時の取得原価より著しく低い資産の有無を把握しているか。	無	YES	NO	所見
				有		
		固定資産について、会計年度の末日における時価がその時の取得原価より著しく低い資産がある場合、当該資産の時価がその時の取得原価まで回復すると認められる場合を除き、時価が付されているか。 ※ただし、使用価値を算定することができる有形固定資産又は無形固定資産であって、当該資産の使用価値が時価を超えるものについては、取得価額から減価償却累計額を控除した価額を超えない限りにおいて、使用価値を付することができる点に留意する。	無	YES	NO	所見
14	借入金	借入目的に応じた適切な勘定科目に計上されているか。	無	有		
				YES	NO	所見
	債権債務の状況	借入金(理事長に委任されていない多額の借財に限る)は、理事会の議決を経て行われているか。また、借入金は、事業運営上の必要によりなされたものであるか。		YES	NO	所見
		借入金の償還財源に寄附金が予定されている場合は、法人と寄附予定者との間で書面による贈与契約が締結されており、その寄附が遅滞なく履行されているか。		YES	NO	所見
15	リース取引	リース取引(契約上賃貸借となっているものも含む)に係る借手である場合、ファイナンス・リース取引は、通常の売買契約に係る方法に準じて会計処理が行われているか。(なお、ファイナンス・リース取引について、取得したリース物件の価額に重要性が乏しい場合、通常の賃貸借取引に係る方法に準じて会計処理することができる。)	無	有		
				YES	NO	所見
		リース取引(契約上賃貸借となっているものも含む)に係る借手である場合、オペレーティング・リース取引は、通常の賃貸借取引に係る方法に準じて会計処理が行われているか。	無	有		
				YES	NO	所見

No.	勘定科目・項目等	確認事項	残高等	チェック		
16	引当金	賞与引当金や退職給付引当金、その他将来の特定の費用又は損失で、発生が当期以前の事象に起因し、発生の可能性が高く、かつ、その金額を合理的に見積ることができる取引がある場合に、引当金として計上されているか。	有 / 無	YES	NO	所見
		徴収不能のおそれのある債権がある場合、その徴収不能見込額が徴収不能引当金として計上されているか。	有 / 無	YES	NO	所見
		独立行政法人福祉医療機構の実施する社会福祉施設職員等退職手当共済制度が利用されている場合、毎期の掛金が費用処理されているか。	有 / 無	YES	NO	所見
17	基本金	基本金は社会福祉法人が事業開始等に当たって財源として受け入れた寄附金の額を寄附の種類に応じて計上されているか。	有 / 無	YES	NO	所見
18	国庫補助金等特別積立金	社会福祉法人が施設及び設備の整備のために国、地方公共団体等から補助金、助成金、交付金等を受領した場合、国庫補助金等特別積立金として積立てを行っているか。	有 / 無	YES	NO	所見
		国庫補助金等特別積立金について、対象資産の減価償却費のその取得原価に対する割合に相当する額を取り崩しているか。	有 / 無	YES	NO	所見
		上記取崩し額は、サービス活動費用の控除項目として、国庫補助金等特別積立金取崩額が計上されているか。 また、国庫補助金等特別積立金を含む固定資産の売却損・処分損が計上される場合は、特別費用に控除項目として、当該資産に係る国庫補助金等特別積立金取崩額が計上されているか。	有 / 無	YES	NO	所見
19	その他の積立金	その他の積立金は、理事会の決議を経た上で、積立ての目的を示す名称を付し、同額の積立資産が積み立てられているか。	有 / 無	YES	NO	所見
		その他の積立金の積立は、当期末繰越活動増減差額にその他の積立金取崩額を加算した額に余剰が生じた場合に行われているか。	有 / 無	YES	NO	所見
		その他の積立金に対応する積立資産を取り崩す場合には、当該その他の積立金を同額取崩しているか。	有 / 無	YES	NO	所見
		就労支援事業に関する積立金を計上している場合、各積立金の計上金額は、会計基準省令所定の要件を満たしているか。	有 / 無	YES	NO	所見

No.	勘定科目・項目等	確認事項	残高等	チェック		
20	補助金	補助の目的に応じて帰属する拠点区分を決定し、適切な勘定科目に計上されているか。	無	有		
				YES	NO	所見
21	寄附金	金銭の寄附は、寄附目的により拠点区分を決定し、適切な勘定科目に計上されているか。	無	有		
				YES	NO	所見
		経常経費に対する寄附物品は、取得時の時価により、経常経費寄附金収入及び経常経費寄附金収益に計上されているか。	無	有		
				YES	NO	所見
		土地などの支払資金の増減に影響しない寄附物品は、取得時の時価により、事業活動計算書の固定資産受贈額として計上され、資金収支計算書には計上されていないか。	無	有		
				YES	NO	所見
		共同募金からの配分金は、その配分金の内容に基づき適切な勘定科目に計上され、このうち基本金又は国庫補助金等特別積立金に組み入れるべきものは適切に組入れされているか。	無	有		
				YES	NO	所見
		寄附金申込書、寄附金領収書（控）、寄附金台帳の記録は全て対応しているか。	無	有		
				YES	NO	所見
22	共通支出（費用）の配分	共通支出（費用）の配分は、合理的な基準に基づき適切に行われているか。	無	有		
				YES	NO	所見
23	整合性	資金収支計算書の当期末支払資金残高と貸借対照表の支払資金残高（流動資産と流動負債の差額。ただし、1年基準により固定資産又は固定負債から振り替えられた流動資産・流動負債、引当金及び棚卸資産（貯蔵品を除く。）を除く。）は一致しているか。		YES	NO	所見
		事業活動計算書の次期繰越活動増減差額と貸借対照表の次期繰越活動増減差額は一致しているか。また、（うち当期活動増減差額）が、事業活動計算書の当期活動増減差額と一致しているか。		YES	NO	所見
		貸借対照表の純資産の部と財産目録の差引純資産は一致しているか。		YES	NO	所見
24	注記	該当する事項がない場合、項目名の記載が省略できる注記事項と項目名の記載が省略できない注記事項が区分され、省略できない事項において該当する事項がない場合には、「該当なし」と記載されているか。		YES	NO	所見
		注記に係る勘定科目と金額が計算書類と整合性がとれているか。		YES	NO	所見

No.	勘定科目・項目等	確 認 事 項	残高等	チェック		
				有		
25		社会福祉法人会計基準で示していない会計処理の方法が行われている場合、その処理の方法は、法人の実態等に応じて、一般に公正妥当と認められる社会福祉法人会計の慣行を斟酌しているか。	無	YES	NO	所見

① 「残高等」の欄については、該当する勘定項目等の残高がない場合又は「確認事項」に該当する事実がない場合は、「無」を○で囲みます。「確認事項」に該当する場合において、社会福祉法人会計基準に従って処理しているときは、「チェック」欄の「YES」を、社会福祉法人会計基準に従って処理していないときは、「チェック」欄の「NO」を○で囲みます。「所見」欄に関連する記載を行う場合には、「チェック」欄の「所見」を○で囲みます。

② 「NO」の場合は、「所見」欄にその理由等を記載します。また、「YES」であっても、改善すべき点があれば記載します。

所見	

第4章

会計監査人監査

❶ 会計監査人監査の義務化

　改正社会福祉法では、一定規模以上の社会福祉法人（特定社会福祉法人）について会計監査人（公認会計士又は監査法人）による監査が義務付けられることになりました。

　この会計監査人監査は平成29年4月1日に開始する事業年度から実施されます。

　このような外部の専門家による監査を受けることは、経営組織のガバナンスの強化、事業運営の透明性の向上等に大いに役立つことはもちろん、最終的には法人が提供するサービスの質の向上へと繋がるものです。しかしながら、外部の専門家がこれまで積極的に活用されてきませんでした。これには監査に係るコストや時間的制約等様々な理由が考えられますが、今後一層福祉サービスの供給体制の整備及び充実を図っていくためには第三者の専門家による視点が欠かせないものと考えられます。

　このような実情を背景に、従来は任意とされてきた外部の専門家による監査が一定規模以上の法人について義務付けられることになったのです。

改正後社会福祉法

> **第37条**（会計監査人の設置義務）
> 　特定社会福祉法人（その事業の規模が政令で定める基準を超える社会福祉法人をいう。第46条の5第3項において同じ。）は、会計監査人を置かなければならない。
>
> **第45条の2**（会計監査人の資格等）
> 　会計監査人は、公認会計士（外国公認会計士（公認会計士法（昭和23年法律第103号）第16条の2第5項に規定する外国公認会計士をいう。）を含む。以下同じ。）又は監査法人でなければならない。

　会計監査人による監査が義務付けられる一定規模の法人とは、最終会計年度における収益（法人単位事業活動計算書におけるサービス活動収益）が30億円を超える法人又は負債（法人単位貸借対照表における負債）が60億円を超える法人となります。

　また、この特定社会福祉法人の基準については段階的に対象範囲が拡大（平成31年度から収益20億円を超える法人又は負債40億円を超える法人、平成33年度以降は、収益10億円を超える法人又は負債20億円を超える法人）していくことが予定されています。

> **改正後社会福祉法施行令**
> **第13条の3**(特定社会福祉法人等の基準)
> 　法第37条及び第45条の13第5項の政令で定める基準を超える社会福祉法人は、次の各号のいずれかに該当する社会福祉法人とする。
> 　一　最終会計年度(各会計年度に係る法第45条の27第2項に規定する計算書類につき法第45条の30第2項の承認(法第45条の31前段に規定する場合にあつては、法第45条の28第3項の承認)を受けた場合における当該各会計年度のうち最も遅いものをいう。以下この条において同じ。)に係る法第45条の30第2項の承認を受けた収支計算書(法第45条の31前段に規定する場合にあつては、同条の規定により定時評議員会に報告された収支計算書)に基づいて最終会計年度における社会福祉事業並びに法第26条第1項に規定する公益事業及び同項に規定する収益事業による経常的な収益の額として厚生労働省令で定めるところにより計算した額が30億円を超えること。
> 　二　最終会計年度に係る法第45条の30第2項の承認を受けた貸借対照表(法第45条の31前段に規定する場合にあつては、同条の規定により定時評議員会に報告された貸借対照表とし、社会福祉法人の成立後最初の定時評議員会までの間においては、法第45条の27第1項の貸借対照表とする。)の負債の部に計上した額の合計額が60億円を超えること。

> **社会福祉法等の一部を改正する法律の施行に伴う関係政令の整備等及び経過措置に関する政令等の公布について**(平成28年11月11日　社援発1111第2号　厚生労働省社会・援護局長通知)
> 　この特定社会福祉法人の基準については、
> （1）　平成29年度、平成30年度は、収益30億円を超える法人又は負債60億円を超える法人
> （2）　平成31年度、平成32年度は、収益20億円を超える法人又は負債40億円を超える法人
> （3）　平成33年度以降は、収益10億円を超える法人又は負債20億円を超える法人と段階的に対象範囲を拡大していくことを予定している。
> 　ただし、段階施行の具体的な時期及び基準については、平成29年度以降の会計監査の実施状況等を踏まえ、必要に応じて見直しを検討することにしている。

2 会計監査人による監査

1 会計監査人(公認会計士)の使命・目的

　公認会計士は、監査及び会計の専門家です。公認会計士による監査は、一般に公正妥当と認められる監査の基準に基づき実施されます。

　監査を受ける社会福祉法人はサービスの利用者を始め、法人に勤務する職員、周辺地域社会、市町村・国等の行政機関等、様々な利害関係者へ影響を及ぼしています。これらの利害関係者と将来に向かって共存発展していくためには法人が公表する財務報告が信頼されるも

のでなくてはなりません。公認会計士の使命は独立した第三者として、当該監査を受ける法人の財務報告の信頼性を担保することにあります。

2 会計監査人監査を受けることの効果

　独立した外部の専門家の監査を受けることで財務報告の信頼性が担保されることが挙げられますが、その他にも監査を受ける効果があります。

　会計監査人は単に会計数値や関連書類の突合せを行うだけでは財務報告が信頼できるものであるかを確かめることができません。財務報告の作成過程が法人組織内において横断的に実施されるプロセスである以上、法人組織がどのように構築されているのか、施設・設備がどのように運用されているのか、内部統制（（業務を管理運営するために法人が内部に設定した統制の様々な仕組み））がどのように構築・運用されているのか等、財務報告が影響を受ける様々な要素の理解に会計監査人は努めます。その結果、監査の過程で発見された問題点や課題が法人に改善案としてフィードバックされることになります。

　つまり、会計監査人監査が実施されるということは①現状の把握、②監査・調査の実施、③問題点・課題の発見、④問題点・課題の改善という一連のプロセスが会計の専門家の目線で継続的に実施していくことにより、その結果、効率的な法人経営の実現、地域社会への将来的・持続的な貢献に役立つことが期待できることになります。

3 監査の対象となる財務報告とは

　監査の対象となるのは、法人単位の計算書類（貸借対照表、資金収支計算書、事業活動計算書）及びそれに対応する付属明細書（これらを計算関係書類と呼びます）、そして財産目録です。

　社会福祉法人は法人単位以外に事業区分別、拠点区分別にも作成することとされていますが、これらは監査の対象とはされていません。しかしながら、法人単位の会計数値は各事業や拠点で把握された数値が集計されたものですから、監査の過程においてこれらは監査人の必要に応じて確認対象となっていくことになります。

会計監査の実施範囲(証明範囲の設定)

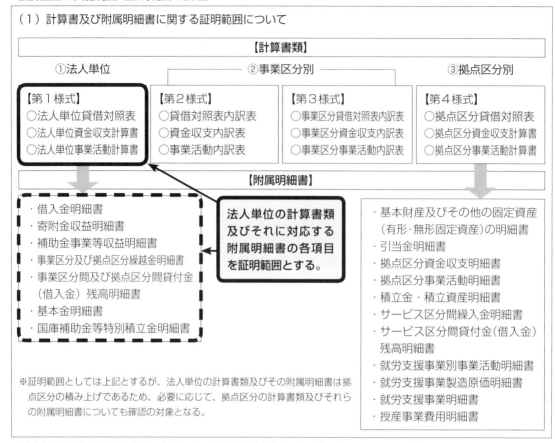

＊社会福祉法人制度改正の施行に向けた全国担当者説明会資料 (平成28年7月8日実施)(厚生労働省HPより)

社会福祉法人制度改革の施行に向けた留意事項について (経営組織の見直しについて)
(平成28年6月20日付事務連絡(平成28年11月11日改訂) 厚生労働省社会・援護局福祉基盤課)
第5章 会計監査人
(6) 会計監査人の設置義務について
　ウ 監査証明範囲の設定について
　　・今般の会計監査人制度の導入は、法人としてのガバナンスの強化、財務規律の強化の一環として導入するものであり、会計監査人による監査証明の対象となる計算書類及び附属明細書の範囲については、法人単位の計算書類(第1様式)並びにそれに対応する附属明細書及び財産目録の各項目とする。具体的には以下の通りである。
　　　① 法人単位の計算書類(法人単位貸借対照表、法人単位資金収支計算書及び法人単位事業活動計算書)(施行規則第2条の30第1項第2号)
　　　② ①に対応する附属明細書(借入金明細書、寄附金収益明細書、補助金事業等収益明細書、基本金明細書及び国庫補助金等特別積立金明細書に限る。)の項目(施行規則第2条の30第1項第2号)
　　　③ 法人単位貸借対照表に対応する財産目録の項目(施行規則第2条の22)
　　・その際、法人単位の計算書類とその附属明細書は拠点区分別の積み上げであることから、拠点区分別の計算書類及びそれらの附属明細書についても留意し、監査手続が実施されることとなるが、社会福祉法人の特性に合わせ、効率的・効果的な監査が行われることに留意すること。

4 会計監査人の選任・任期

① 会計監査人の選任

会計監査人は、評議員会の決議によって選任されます（法43条1項）。

理事が評議員会に提出する、会計監査人の選任及び解任並びに会計監査人を再任しないことに関する議案の内容は、監事の過半数をもって決定されます（法43条3項において準用する一般法人法73条1項）。

なお、会計監査人を設置する法人は、会計監査人の設置に関する定款変更を行うことが必要となります。

② 会計監査人の任期

会計監査人の任期は、選任後1年以内に終了する会計年度のうち最終のものに関する定時評議員会の終結の時までとなります（法45条の3第1項）。

定時評議員会において別段の決議がされなかったときは、再任されたものとみなされます（法45条の3）。

改正社会福祉法

> 第43条（役員等の選任）
> 　役員及び会計監査人は、評議員会の決議によつて選任する。
> 3　一般社団法人及び一般財団法人に関する法律第72条、第73条第1項及び第74条の規定は、社会福祉法人について準用する。この場合において、同法第72条及び第73条第1項中「社員総会」とあるのは「評議員会」と、同項中「監事が」とあるのは「監事の過半数をもって」と、同法第74条中「社員総会」とあるのは「評議員会」と読み替えるものとするほか、必要な技術的読替えは、政令で定める。
> 　第44条を次のように改める。
> 第45条の3（会計監査人の任期）
> 　会計監査人の任期は、選任後一年以内に終了する会計年度のうち最終のものに関する定時評議員会の終結の時までとする。

一般社団法人及び一般財団法人に関する法律

> 第73条（会計監査人の選任等に関する議案の内容の決定）
> 　監事設置一般社団法人においては、社員総会に提出する会計監査人の選任及び解任並びに会計監査人を再任しないことに関する議案の内容は、監事が決定する。
> 2　監事が二人以上ある場合における前項の規定の適用については、同項中「監事が」とあるのは、「監事の過半数をもって」とする。

5 会計監査人選任の流れ・選び方

　最終事業年度における収益又は負債が一定規模を超えることになった場合、翌事業年度から会計監査人による監査が義務付けられることになります。そして、通常、当該事業年度の5月～6月頃に開かれる定時評議員会にて会計監査人が選任されることになります。

　つまり、最終事業年度の決算事務と会計監査人の選任が4月～6月のほぼ同じスケジュール進行の中で行われることになるため社会福祉法人の負担が多大なものとなります。したがって、会計監査人監査が義務付けられることをあらかじめ予想した上で事前準備（会計監査人候補者の選定、候補者による予備調査等）を進めておくことが会計監査人の選定をスムーズに行うために大事なこととなってくると言えます。

　そこで、厚生労働省から会計監査人選任等の流れについて次のように説明がなされています。

社会福祉法人制度改革の施行に向けた留意事項について（経営組織の見直しについて）
（平成28年6月20日付事務連絡（平成28年11月11日改訂） 厚生労働省社会・援護局福祉基盤課）

第5章　会計監査人
（6）　会計監査人の設置義務について
イ　会計監査人の選任等の流れについて
- 会計監査人の選任に当たっては、会計監査人を設置する年度（例：平成29年度）の前年度（例：平成28年度）から、下記のとおり、準備作業等が必要になるので、法人においては、当該前年度（例：平成28年度）における法人単位事業活動計算書におけるサービス活動収益計・法人単位貸借対照表における負債の部合計を適切に見込んだ上で、会計監査人の設置が円滑に行われるよう、対応することが求められる。
- 社会福祉法人の契約行為における透明性を踏まえると、選定委員会などによる選定が望ましいが、平成29年度の会計監査人の選任については、施行までの準備期間を考慮し、理事会決議などによる取扱も可能とする。
- その際、下記スケジュール例を参考にし、複数の会計監査人候補者から提案書等を入手し、法人において選定基準を作成し、提案内容について比較検討※のうえ、選定すること（選定基準のイメージは、別紙のとおり）。
  ※価格のみで選定することは適当ではないこと。
- 複数の会計監査人候補者から提案書等を入手するにあたっては、日本公認会計士協会のホームページにおいて公表されている公会計協議会社会保障部会の部会員リストを参考資料として活用できること。

（スケジュール例）平成29年度設置対象法人の場合

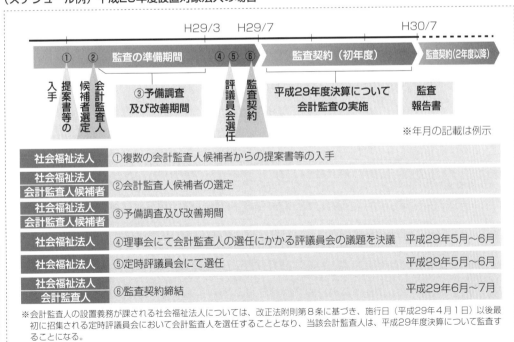

会計監査人選定基準（イメージ）

(別紙)

社会福祉法人○○会会計監査人選定基準

(基準制定の目的)

第1条 この会計監査人選定基準は、社会福祉法人○○会（以下、「法人」という。）が複数の会計監査人候補者（以下、「候補者」という。）から提案書等を入手した際の候補者選定の基準を定めるもの。

(選定基準項目)

第2条 次の各号に掲げる事項に対する評価を行うものとする。
　一　監査の実施体制等に対する評価
　二　監査に要する費用に対する評価
　三　監査の実績等に対する評価
　四　監査の品質管理体制に対する評価

2　前項第一号に規定する評価については、次の各号に掲げる項目によるものとする。
　一　当該法人に対する監査の基本方針及び考え方（着眼点や重点項目）
　二　主要な監査手続き及び監査要点
　三　法人本部及び施設等を監査するチーム体制
　四　監査スケジュール
　五　監査の責任者及び担当者の経歴及び実務経験等
　六　監査の指導的機能に対する考え方
　七　監査のサポート体制
　八　監事、内部監査担当部門との連携に関する考え方

3　第1項第二号に規定する評価については、次の各号に掲げる項目によるものとする
　一　監査報酬見積費用総額（見積り及び精算の方法を含む。）
　二　監査日程（日数）の大幅な変更が生じたときの処理方法

4　第1項第三号に規定する評価については、次の各号に掲げる項目によるものとする。
　一　監査実績
　二　社会福祉法人に対する監査実績、非監査実績（会計指導、経営支援等）
　三　公益社団・財団法人、一般社団・財団法人に対する監査実績、非監査実績（会計指導、経営支援等）
　四　当該法人が実施している事業と類似の事業を実施している組織の監査実績、非監査実績（会計指導、経営支援等）
　五　日本公認会計士協会又は公的機関における社会福祉法人制度に関係する部会等への関与実績

5　第1項第四号に規定する評価については、次の各号に掲げる項目によるものとする。
　一　品質管理の体制（日本公認会計士協会の定める監査の品質管理に関する指針等に即した品質管理を行っているかなどを評価）
　二　会計監査人候補者に関して公認会計士法に基づく処分がある場合はその内容とこれに対して取った措置（過去○年間）

6 予備調査について

　会計監査人候補者は、監査を受ける法人が監査に対する協力体制の状況が整っているか、監査に対応可能な内部統制が構築されているか、その他監査を受嘱するにあたっての課題の有無等について調査します。

　具体的な内容は一般的に次のようなものになります。

調査項目	主な手続
1．法人の概況理解	内部統制を含む、法人及び法人環境を概括的に理解することです。具体的には法人の沿革、業務内容、役員の氏名、役職、取引先関係その他監査のために必要な重要事項で、把握のため関係書類等を閲覧し、又は責任者に質問します。 ここで、内部統制とは、企業の財務報告の信頼性を確保し、事業経営の有効性と効率性を高め、かつ事業経営に関わる法律の遵守を促すことを目的として企業内部に設けられ、運用される仕組みをいいます。
2．理事長及び監事との面談	理事長及び監事に対してガバナンスの考え方、リスクの把握、誠実性、法人運営方針、課題等をヒアリングすることです。
3．諸規定の整備状況	法人運営にとって必要な定款、経理規程等の諸規程が適切に整備されているか確認する手続です。
4．過去の計算書類等の調査	法人の過年度の財政状態、事業活動の状況、資金の状況の概要を把握するため、過年度の計算書類等を調査します。
5．期首残高の調査	監査契約初年度の計算書類の残高の実在性、網羅性を確認するための手続きです。適正監査手続きである実査・立会・確認、及び質問、関係書類、関連証憑との突合を実施します。 さらに計算書類等の表示については、社会福祉法人会計の基準に定める様式に従っているかについて確認します。
6．会計方針選択と適用の妥当性	法人が選択している会計処理の原則及び手続きが、社会福祉法人会計基準に準拠したものになっているかについて確認する手続です。
7．内部統制の整備状況	収益・購買・人事・在庫管理などの基幹業務の流れと管理状況、及び資金管理・固定資産管理などの状況を、質問及び書類の閲覧により確認します。
8．報告書の作成	監査法人の社内作業で調査結果を取りまとめ、予備調査報告書を作成します。その後報告会を開催し、調査報告を詳細に発表します。

3 監査プロセス・スケジュール

●3-1　監査の実施の方法（リスク・アプローチ）

　会計監査人は、計算書類（貸借対照表、資金収支計算書、事業活動計算書）、付属明細書及び財産目録が適正に作成されているかを確かめなくてはなりません。しかしながら、適正に作

成されない原因には様々なものがあります。例えば、役員の選任や決議等の法人運営全般に関するルールや出納管理等の日常業務に関するルールの整備運用の不備を要因とするものもあれば、これらのルールが適切に整備運用されていたとしても誤りや不正が潜在的に生じやすい業務・取引の性質を要因とするものもあります。

しかしながら、会計監査人が費やすことのできる時間や費用には限りがあることから、すべての取引をチェックすることは困難であり、監査人には効果的かつ効率的な監査の実施が求められています。会計監査人は、計算書類、附属明細書及び財産目録が適正に作成されていない可能性が高いと思われる部分については集中的に監査の人員や時間を充て、低いと思われる部分についてはそれ相応の人員時や時間を充てて監査（このような監査の実施の方法をリスク・アプローチと呼びます）を行うことになります。

〈会計監査人が注力する業務プロセスの例〉

・資金管理プロセス
　現金預金（入所施設がある場合は利用者預り金を含む）の管理状況（日常における入出金管理、残高照合、保管等の状況）
・固定資産管理プロセス
　購買時の稟議決済、支払、納品の管理状況。購入後における台帳管理（現物との定期的な照合を含む）。
・収益プロセス
　補助金の申請・受領事務状況
・在庫管理プロセス
　棚卸資産（医薬品がある場合はこれを含む）の管理状況（受払の管理、実地棚卸の実施状況）
・人件費プロセス
　給与計算ソフトのパラメーター・マスターデータ設定管理状況

● 3－2　監査の実施スケジュール

監査がどのように進められていくのかについてその例を記載します。

1　監査契約後～年内（概ね7月～12月）

① 理事及び監事と意見交換・監査の基本方針の策定

これは、監査の基本的な方針を決定するため、理事・監事それぞれに対し法人の事業概要・組織体制・内部統制の一般的な状況を質問し、概況を把握します。

次に、上記理事・監事との意見交換を踏まえて、年間を通じての監査の基本的な方針を決定します。

② 内部統制の確認、拠点への訪問

　法人においてどのような業務や取引が行われているかを理解し、運営に必要なルールがどのように策定・適用されているかを確かめます。これは法人本部にて諸規程を閲覧（過去の所轄庁による指導監査結果、第三者評価結果報告等の閲覧も含みます）するだけでなく、実際に拠点へ訪問して日常業務の実施状況を確認することも含みます。拠点において、例えば、各業務・取引について稟議書類や関連する伝票・会計記録等の証憑の閲覧等の実施、現金預金や固定資産・棚卸資産等の管理状況の確認等の手続きを行います。

　このように、業務・取引の実態や内部統制等を本部・拠点への訪問を通じて分析・確認することで、誤った会計処理等を生じさせる可能性の高い箇所（リスク）をピックアップします。そしてそのリスクに焦点を当てた監査計画を策定していきます。このリスクに応じた監査計画を作成することで、効果的・効果的な監査の実施が可能となります。

③ 内部統制の整備

　会計監査人監査の義務化に伴い、必要に応じて既存の管理体制の詳細な整備及び修正が求められると想定されますが、これらは大幅な変更が求められる性質のものではありません。社会福祉法人はその成り立ち及び公益性から、適正な法人運営と円滑な社会福祉事業の経営の確保を図るために、従来から所轄庁による指導監査（法人においては指導監査要綱に準拠したチェックリスト等により審査基準等の遵守状況の検討、各施設においては施設運営基準の遵守状況の検討）が行われてきた背景が存在するためです。例えば、指導監査でなされている収入の請求妥当性の検討は、会計監査人監査においても同様に検討が行われます。このように、会計監査人監査の導入によって大幅に変化しない組織管理体制となるものについては会計監査人のアドバイスを得ながら必要な部分を変更・修正していくことになります。

2　年明けから監査報告書の提出まで

① 問題点のアドバイス・改善（1月～3月）

　これまでの内部統制の確認・拠点への往査等により、発見された問題点・課題等について法人へ改善するようアドバイスをします。

② 期末監査

・現物確認（期末日）

　期末日には、現金や商品券等（貴重品）がある場合には、実物検査（実査）を行います。

また、固定資産（器具備品等）や棚卸資産（商品等）等についても、実際に現物を確認し適切に帳簿に計上されているかを確認します。法人が実施している場合には、法人の現物確認方法を確認のうえ、その確認に立会し、さらに一定数をピックアップし現物を確認します。

・確認状の発送（4月）

　これは、預金等、外部に預けているため現物が確認できないものや未収金・未払金等の債権債務について、預け先等に返信用手紙（確認状）を送り、預かっているかの有無や預かっている金額等を記載してもらい、直接会計監査人へ返信してもらう手続きです。

・決算数値・表示の監査

　法人が作成した計算関係書類、決算資料、勘定内訳表等を基に決算数値や表示内容が間違っていないことを確認するため主に次のような手続きを行います。

　a. 現物確認結果や確認状の回答との一致を確認
　b. 前期決算・予算との比較分析
　c. 仕訳・伝票・帳簿等の関連証憑の突合等
　d. 決算仕訳・表示の検証

③　監査報告書の提出

　作成された監査手続調書は、監査を実施した担当者とは別の担当者により審査が行われます。これは監査実施者が監査を適切に実施したかどうかを確認するものです。この審査の結果を受けて、必要があれば追加の監査手続き等を行います。

　審査終了後、監査意見を表明した監査報告書を法人に提出します。

第5章

小規模社会福祉法人の法令遵守チェックリスト

　社会福祉法改正に伴い求められるルールに関して、行政から各種通知等が発出されています。そのうち法人運営等に関して、第4章まで制度並びに概要を説明してきました。この**第5章**では、支援業務に掲げられた項目と指導監査ガイドラインに準拠したチェックリストをご説明します。

　このチェックリストの項目を法人自らチェックできれば、行政からの指導への対応、支援業務を依頼した専門家への情報提供等が可能となり、法人経営並びに施設運営が適切に行われることの自己点検につながると考えます。是非、法令遵守チェックリスト（法人運営編、財務管理編）をご活用下さい。

＊第5章：凡例

- **一般法人法**　　一般社団法人及び一般財団法人に関する法律
  （平成18年法律第48号）
- **審査基準**　　社会福祉法人の認可について　別紙1　社会福祉法人審査基準
  （障第890号・社援第2618号・老発第794号・児発第908号／平成12年12月1日（最終改正：平成28年11月11日））
- **審査要領**　　社会福祉法人の認可について　別紙1　社会福祉法人審査要領
  （障企第59号・社援企第35号・老計第52号・児企第33号／平成12年12月1日（最終改正：平成28年11月11日））
- **定款例**　　社会福祉法人の認可について　別紙2　社会福祉法人定款例
  （障第890号・社援第2618号・老発第794号・児発第908号／平成12年12月1日（最終改正：平成28年11月11日））
- **ＦＡＱ**　　「社会福祉法人制度改革の施行に向けた留意事項について」に関するFAQの改訂について
  （厚生労働省社会・援護局福祉基盤課 事務連絡　平成28年11月11日）
- **会計基準**　　社会福祉法人会計基準
- **会計基準省令**　　厚生労働省令168号平成28年11月11日
  （改正前　厚生労働省令79号　平成28年3月31日）
  （平成28年厚生労働省令第79号）
- **運用上の取扱い**　　社会福祉法人会計基準の制定に伴う会計処理等に関する運用上の取扱いについて
  （雇児発0331第15号・社援発0331第39号・老発0331第45号（最終改正：平成28年11月11日））
- **運用上の留意事項**　　社会福祉法人会計基準の制定に伴う会計処理等に関する運用上の留意事項について
  （雇児総発0331第7号・社援基発0331第2号・障障発0331第2号、老総発0331第4号（最終改正：平成28年11月11日））
- **モデル経理規程**　　平成29年版社会福祉法人モデル経理規程（平成29年4月1日施行）
  （全国社会福祉法人経営者協議会／平成29年3月15日改定）

① 法令遵守チェックリスト（法人運営編）

　法人運営編は、定款、事業、機関（評議員・評議員会、理事、理事会、監事）、労務管理、社会福祉充実計画、その他の項目について、チェックポイントをリスト化しました。

法令遵守チェックリスト

（○：適　×：否　△：一部否　－：該当なし）

Ⅰ　法人運営編

区分	番号	検討項目	月日	担当者	適否	特記事項
（ⅰ）		定款				
	1	定款は定款例に準拠し、適正に作成されているか。（必要的記載事項が記載されているか。）				
	2	租税特別措置法40条の適用をうける場合、必要な条文が追加されているか。				
	3	役員の責任減免規定又は責任限定契約を適用する場合、必要な条文が追加されているか。				
	4	定款に記載されている事業が行われているか。（定款に記載されていない事業（所轄庁が認めた事業を除く）を行っていないか。）				
	5	定款の変更は所定の手続（評議員会の特別決議）を経ているか。（評議員会の承認後、速やかに定款変更認可申請又は届出が所轄庁に行なわれているか。）				
	6	定款施行細則は定められているか。				
	7	理事長・業務執行理事の専決事項を定款施行細則で定めているか。				
	8	インターネットで公開されているか。				
（ⅱ）		事業				
	1	地域における公益的取組を実施しているか。				
	2	社会福祉事業が法人事業のうち主たる地位を占めているか。				
	3	社会福祉事業を行うための必要な資産が確保されているか。				
	4	社会福祉事業の収入を公益事業（法令等により認められた事業を除く。）又は収益事業の支出に充てていないか。				

区分	番号	検討項目	月日	担当者	適否	特記事項
	5	公益事業は、社会福祉事業と関係を有し、かつ公益性を有しているか。				
	6	公益事業の規模が社会福祉事業に比べて過大であり、社会福祉事業の経営に支障を来していないか。				
	7	公益事業（社会福祉事業と一体的に運営される場合を除く）は区分して計上されているか。				
	8	公益事業の剰余金は社会福祉事業又は公益事業に充てられているか。				
	9	収益事業は、社会福祉事業（又は公益事業）と関係を有し、必要性を有しているか。				
	10	収益事業の規模が社会福祉事業に比べて過大であり、社会福祉事業の経営に支障を来していないか。				
	11	社会福祉法人の社会的信用を傷つけるおそれのあるもの及び投機的なものではないか。				
	12	法人の行う社会福祉事業の円滑な遂行を妨げていないか。				
	13	収益事業は区分して計上されているか。				
	14	収益事業の剰余金は社会福祉事業又は公益事業に充てられているか。 （税法上収益事業と認定された場合、みなし寄附の適用を検討したか。）				
(ⅲ)		機関				
a		（評議員・評議員会）				
	1	評議員の選任（解任）手続きは、評議員選任・解任委員会で適正に行われているか。 （評議員候補者の選任は理事会で適正に決定され、評議員会へ推薦されているか。） （必要な識見を有する者が選任されているか。欠格事由等に該当する者が選任されていないか。） （評議員の員数は、理事の員数を超える数となっているか。） （評議員選任・解任委員会運営規則が定められているか。）				
	2	評議員会は適正な手続（招集、事項、時期）に従って、開催されているか。 （欠席が継続している評議員はいないか。）				
	3	評議員の任期に誤りはないか（小規模法人の特例に留意すること）。				
	4	欠員が生じた場合速やかに補欠評議員を選任しているか。 （補欠の任期、欠員の場合の退任者の権利・義務の継続の規定に留意すること。）				

区分	番号	検討項目	月日	担当者	適否	特記事項
	5	定款規定の事項を審議し、また、議決要件（出席者、議決数、利害関係）を満たしているか。 （書面又は電磁的記録による決議は、全員の意思表示により行われているか。）				
	6	評議員会議事録には、議長及び議事録署名人2名が記名押印（又は署名）しているか。				
	7	評議員に報酬を支払う場合、規定に基づいて適切に支給されているか。				
b	(理事)					
	1	理事の選任（解任）手続きは、評議員会において適正に行われているか。 （福祉経営に識見を有する者、区域の福祉事情に精通する者、施設管理者が選任されているか。）				
	2	理事長が欠けたときの対応を検討しているか。				
	3	欠員が生じた場合速やかに補欠役員を選任しているか。				
	4	理事長・業務執行理事は理事会において選任されているか。				
	5	欠格事由等に該当する者が選任されていないか。 （親族等特殊利害関係者が制限数内であることを確認したか。）				
	6	理事報酬は、勤務実態に即して、役員報酬規程等に基づいた適正額を支給しているか。				
	7	理事責任を定款規定により減免する場合、正当注意義務違反に該当しないことを確認しているか。				
c	(監事)					
	1	監事の選任（解任）手続は、評議員会において適正に行われているか。				
	2	監事の要件（福祉の識見、財務の識見、親族等特殊利害関係）を確認しているか。				
	3	監事は理事会に出席し、理事の業務執行状況を確認しているか。				
	4	監事報酬は、勤務実態に即して、役員報酬規程等に基づいた適正額を支給しているか。				
	5	監事責任を定款規定により減免する場合、正当注意義務違反に該当しないことを確認しているか。				
	6	監事は、評議員会の議案を調査しているか。 （必要な場合、報告するか評議員会で説明しているか。）				

区分	番号	検討項目	月日	担当者	適否	特記事項
d		(理事会)				
	1	理事会は適正な手続（招集、事項、時期）に従って、開催されているか。				
	2	定款（定款施行細則）に定められている事項を審議し、また、議決要件を満たしているか。				
	3	欠席が継続している理事はいないか。				
	4	事業計画・予算は毎会計年度開始前に理事会で審議しているか。 （租税特別措置法40条の規定の適用法人を除く。）				
	5	事業報告・決算は理事会で審議の上、定時評議員会に上程しているか。				
	6	理事会の議決権を他の理事に委任していないか。 （理事会に欠席した理事について、書面による表決を行っていないか。） （書面又は電磁的記録による決議は、全員の意思表示により行われているか。）				
	7	議事録は適正に作成され、署名人（理事長及び監事）が記名押印（又は署名）し、備え置きしているか。				
(ⅳ) 労 務 管 理						
	1	重要な職員の任免は、理事会において適正に行われているか。				
	2	職員の採用・離職手続（辞令・社会保険等、退職金支給など）は適切に行われているか。				
	3	就業規則・給与規程等は適正に制定されているか。				
	4	職員の勤務形態は、実態に即しているか。				
	5	職員の給与水準は妥当であり、待遇は公平か。勤務実態のない給与の支給はないか。				
	6	労働基準法・雇用保険法等関係の諸届出は適時適切に行われているか。				
(ⅴ) 社会福祉充実計画						
	1	福祉充実残額の計算は適正か。				
	2	福祉充実計画の執行状況は妥当か。				
(ⅵ) その他						
	1	関係者に対して特別の利益供与がないことを確認しているか。 （関連当事者取引の注記との関係に留意すること。）				

区分	番号	検討項目	月日	担当者	適否	特記事項
	2	寄付金の受け入れは寄付者の意向によるものであり、適正な手続きにそって行われているか。				
	3	寄附金申込書、寄附金台帳、寄附金領収書（控）は適正に整理保管されているか。				
	4	領収書は税制上の優遇措置が適用される旨記載した適切な様式により発行管理されているか。				
	5	租税特別措置法40条の適用を受ける場合、税務上の手続が適正に行われているか。				
	6	利用者預り金に関する契約書を締結しているか。　管理リスクを軽減するため、預り金残高を必要最低限とすること。				
	7	利用者預り金管理規程に基づいて適切に管理されているか。				
	8	利用者預り金について、現金の保管は極力僅少にし、預金取引で対応しているか。				
	9	慰留金品の処分は福祉事務所等実施機関の指示を得ているか。				
	10	引継書（遺留品明細書添付）を作成しているか。				
	11	死亡後預金の引き出しをしていないか。				
	12	消防計画は実態に即し適切に作成され、消防署に届出されているか。				
	13	防災訓練等はルールに従って、適時、適切に実施されているか。				
	14	防災設備、避難経路等に不備はないか。				
	15	福祉サービスに関する苦情解決の仕組みへの取組みが行われているか。				
	16	福祉サービスの第3者評価の受審、又は自己評価の実施状況を確認しているか。				
	17	法人の福祉サービスの内容及び財務等に関する情報を開示しているか。				
	18	目的事業、事務所の所在地は登記されているか。				
	19	資産総額の変更登記、役員改選に伴う理事長の就任・重任登記が適時に行われているか。				

2 法令遵守チェックリスト(財務管理編)

まず拠点単位で項目チェックを実施し、それを統合する形で法人全体の会計面での項目チェックを行って下さい。

法令遵守チェックリスト

(○:適　×:否　△:一部否　-:該当なし)

Ⅱ　財務管理編(拠点名:　　　　　　)

区分	番号	検討項目	月日	担当者	適否	特記事項
(ⅰ)		会計管理				
	1	経理規程は会計基準に準拠して制定されているか。				
	2	予算の策定手続は、経理規程に従って適正に行われているか。 (予算は事業計画に合致し、収入・支出の積算は妥当か。) (予算超過支出となる場合、予算の補正、予備費の使用、中区分科目の流用の手続は適正に行われているか。) (予算の執行に当たって変更を加えるときは、あらかじめ理事会の同意を得ているか。)				
	3	各拠点区分ごとに会計責任者(統括会計責任者)、出納職員、小口取扱者を任命し、内部牽制組織を確立しているか。 (辞令が適時適切に交付されているか。)				
	4	現金保管については管理責任が経理規程等で明確にされているか。				
	5	月次試算表は適正に作成され、毎月所定の日に理事長に報告されているか。				
	6	証憑書類は適切に整理保管されているか。				
	7	金銭収入は、支出に充てられることなく、経理規程に規定されている所定の期間内に金融機関に全額預け入れているか。				
	8	支払いは会計責任者の決裁を得てから行われているか。				
	9	納品書、請求書、領収書等は正当か。また、適切に整理保管されているか。				

区分	番号	検討項目	月日	担当者	適否	特記事項
	10	小口現金の支出は、経理規程に基づき適切に行われ、毎日現金残高を照合しているか。 （小口現金の保有額は、経理規程上の保管限度額の範囲内になっていることを確認したか。）				
	11	工事の発注、物品、給食材料の購入等について、入札又は複数業者からの合い見積もりにより適正金額であることを確認しているか。				
	12	競争入札は適正に実施されているか。 （随意契約は合理的理由に基づき行われているか。）				
	13	１００万円を超す契約は契約書を作成しているか。				
	14	契約は理事長（又は委任を受けた契約担当者）となっているか。				
(ⅱ)	資産管理					
	1	基本財産、その他財産、公益事業用財産及び収益事業用財産は明確に区分して管理しているか。				
	2	法人が所有する社会福祉事業の用に供する不動産は、すべて基本財産として定款に記載され、かつ所有権等が登記されているか。				
	3	施設敷地が借地の場合、その事業の存続に必要な期間を定めた契約等を締結しているか。 （利用権（地上権又は賃借権）を設定登記しているか。）				
	4	基本財産を所轄庁の承認を得ずに処分、貸与又は担保に供していないか。 （ただし、独立行政法人福祉医療機構への担保提供等を除く。）				
	5	固定資産の増加または減少について経理規程に準拠した手続が行われているか。 定期的に固定資産現在高報告が理事長等に行なわれているか。				
	6	不動産を除く財産の管理運用は、安全、確実な方法で行われているか。				
	7	株式の保有は、適正に行われているか。				
	8	法人の財産（基本財産を含むすべて）については、価値の変動の激しい財産等が相当部分を占めていないか。				
	9	法人・施設の資金を他に貸し付けたり、担保に供していないか。				
	10	資金が実際に実在するか。 （預金勘定、その他固定資産勘定(特定資産)の合計額と預貯金残高証明書との照合、実物との照合				

区分	番号	検討項目	月日	担当者	適否	特記事項
	11	その他財産は適正に管理されているか。 （在庫管理の方法、処分等手続き）				
	12	借入金は、事業運営上の必要によりなされ、必要な手続に基づいているか。				
	13	借入金の償還は、その財源に問題がなく、かつ適正に行われているか。				
	14	借入金の償還財源として寄附金が予定されている場合、寄附予定者と贈与契約されており、遅滞なく履行されているか。				
(ⅲ) 決算処理	1	計算書類（貸借対照表・収支計算書）及び附属明細書並びに財産目録は適正に作成されているか。 会計基準、経理規程に基づき適切に行われたか。 表示に関して、研究報告第26号により検討したか。 科目・決算額に関して、日税連チェックリストにより検討したか。				
	2	事業区分、拠点区分、サービス区分の設定は適切に行われているか。				
	3	共通収入（収益）、共通支出（費用）の配分は、合理的基準に基づいて継続しておこなわれているか。				
	4	内部取引及び残高は適切に消去されているか。				
	5	預金・現金残高は決算書の計上額と一致しているか。 （現金及び預金の現物確認を実施したか。不一致原因は判明したか。）				
	6	事業未収金の残高内訳と請求明細を照合しているか。3ヶ月以前の未収金の入金予定を確認しているか。				
	7	未収補助金の請求に誤りはないか。期末日以降の入金状況を確認しているか。				
	8	売掛金の売上計上日と入金日を確認しているか。				
	9	その他流動資産の内容と精算状況を確認しているか。				
	10	固定資産価額は固定資産台帳と一致しているか。				
	11	減価償却の計算は適切に行われているか。勘定科目、取得価額、償却方法、耐用年数等に留意すること。				
	12	リース資産、リース債務の計上額の妥当性を検討しているか。賃借料処理できるものを除く。				
	13	その他積立資産の内容、金額及び積立金との整合性を検討しているか。				
	14	工賃変動積立資産、設備整備積立資産の内容、金額及び積立金との整合性を検討しているか。				

区分	番号	検討項目	月日	担当者	適否	特記事項
	15	有価証券・投資有価証券の計上額の妥当性を検討しているか。満期保有目的の債券の会計処理に留意すること。				
	16	事業未払金の残高内訳と請求書を照合しているか。前月以前の未払金の支払状況を検討したか。				
	17	未払金の内容、計上日、金額を確認しているか。				
	18	借入金の残高、返済状況と科目処理、金額を検討しているか。				
	19	その他流動負債の内容、金額、精算状況を確認しているか。				
	20	徴収不能引当金、賞与引当金の計上額の妥当性を検討しているか。				
	21	退職給付引当金の計上額及び引当資産との整合性を検討しているか。				
	22	基本金残高、組入額、戻入額の妥当性を検討しているか。				
	23	国庫補助金等特別積立金残高、積立額、取崩額の妥当性を検討しているか。				
	24	貸借対照表残高について、資産の計上過大又は債務の計上もれはないか。				
	25	収入・支出は適正に行われているか。 （収入要件、加算要件を検討したか。事業による最低基準、加算基準に留意すること。） （支出制限の有無、支出手続の妥当性を検討しているか。資金の使途制限通知に留意すること。）				
	26	現物寄附について、科目、金額等の妥当性を検討しているか。				
	27	注記は適正に記載されているか。 　法人全体注記の記載もれはないか。 　拠点区分注記の記載もれはないか。				
	28	附属明細書は適正に作成されているか。 　（就労支援事業の附属明細書の作成に留意すること。）				
	29	消費税の課税事業者ですか。消費税計算は適正に行われているか。 　（課税売上の内容を検討すること。）				

❸ チェック内容

　各項目のコメントには、個人的見解が含まれていますので、ご了承下さい。公的見解に準拠して記述していますが、著者の経験に基づく判断が一部混在しています。実務上の参考としてご活用下さい。

1　法人運営編

（ⅰ）定　款

> 1　定款は定款例に準拠し、適正に作成されているか。
> 　（必要的記載事項が記載されているか。）

　社会福祉法人の定款は、所轄庁の認可を受けることとなっています（社会福祉法31条、社会福祉法施行規則2条）。

　定款には、必要的記載事項、相対的記載事項、任意的記載事項が記載されることになります。必要的記載事項は、必ず定款に記載しなければならない事項であり、1項目でも記載が欠けると定款の効力が生じません。

　相対的記載事項は、必要的記載事項と異なり、記載がなくても定款の効力に影響はありませんが、法令上、定款の定めがなければその効力を生じない事項です。

　また、任意的記載事項は、法令に違反しない範囲で任意に記載することができる事項です。

（必要的記載事項）
一　目的
二　名称
三　社会福祉事業の種類
四　事務所の所在地
五　評議員及び評議員会に関する事項
六　役員（理事及び監事）の定数その他役員に関する事項
七　理事会に関する事項
八　会計監査人を置く場合には、これに関する事項
九　資産に関する事項
十　会計に関する事項
十一　公益事業を行う場合には、その種類
十二　収益事業を行う場合には、その種類
十三　解散に関する事項
十四　定款の変更に関する事項
十五　公告の方法

定款記載事項の具体例は、社会福祉法人定款例（社会福祉法人の認可について　平成12年12月1日障第890号・社援第2618号・老発第794号・児発第908号　各局長通知　最終改正平成28年11月11日雇児発1111第1号・社援発第4号・老発第2号：別紙2　社会福祉法人定款例）に規定されています。

社会福祉法

第2節
（設立）
第31条　社会福祉法人を設立しようとする者は、定款をもって少なくとも次に掲げる事項を定め、厚生労働省令で定める手続に従い、当該定款について所轄庁の認可を受けなければならない。以下、省略

社会福祉法施行規則

第2条　法第31条の規定により、社会福祉法人を設立しようとする者は、次に掲げる事項を記載した申請書及び定款を所轄庁に提出しなければならない。以下、省略

2　租税特別措置法40条の適用を受ける場合、必要な条文が追加されているか。

個人が法人に対して土地、建物などの財産を寄附した場合には、これらの財産は寄附時の時価で譲渡があったものとみなされ、これらの財産の取得時から寄附時までの値上がり益がある場合には、寄附者の所得税の課税対象とされます（所得税法59条1項1号）。

一方、これらの財産を社会福祉法人を含む公益法人等に寄附した場合において、一定の要件を満たすものとして国税庁長官の非課税の承認を受けたときは、この所得税について非課税とする制度が設けられています（租税特別措置法40条1項）。

定款変更の取扱は、租税特別措置法施行令（昭和32年政令第43号）第25条の17第6項第1号の要件を満たす社会福祉法人の定款の例について（厚生労働省社会・援護局福祉基盤課事務連絡　平成29年3月29日）をご参照下さい。

対象となる条項の記載例は、以下のとおりとなります。

定款例

（評議員の定数）
第5条　この法人に評議員〇〇名以上〇〇名以内を置く。
　（備考2）
　　法第40条の規定により、在任する評議員の人数は理事の人数を超える必要がある。なお、平成27年度における法人全体の事業活動計算書におけるサービス活動収益の額が4億円を超えない法人及び平成28年度中に設立された法人については、平成32年3月31日までは、評議員の人数は理事の人数と同数以上でよい。

（評議員の選任及び解任）
第6条　この法人に評議員選任・解任委員会を置き、評議員の選任及び解任は、評議員選任・解任委員会において行う。
2　評議員選任・解任委員会は、監事○名、事務局員○名、外部委員○名の合計○名で構成する。
（評議員の資格）
第7条　社会福祉法第40条第4項及び第5項を遵守するとともに、この法人の評議員のうちには、評議員のいずれか一人及びその親族その他特殊の関係がある者（租税特別措置法施行令第25条の17第6項第1号に規定するものをいう。以下同じ。）の合計数が、評議員総数（現在数）の3分の1を超えて含まれることになってはならない。
（評議員の報酬等）
第9条　評議員に対して、各年度の総額が○○万円を超えない範囲で、評議員会において別に定める報酬等の支給の基準に従って算定した額を、報酬として支給することができる。
（権限）
第11条　評議員会は、次の事項について決議する。
　（1）～（8）　省略
　（9）　事業計画及び収支予算
　（10）　臨機の措置（予算外の新たな義務の負担及び権利の放棄）
　（11）　公益事業・収益事業に関する重要な事項
　（12）　解散
　（13）　その他評議員会で決議するものとして法令又はこの定款で定められた事項
（決議）
第14条　評議員会の決議は、決議について特別の利害関係を有する評議員を除く評議員の過半数が出席し、その過半数をもって行う。
2　前項の規定にかかわらず、次の決議は、決議について特別の利害関係を有する評議員を除く評議員の3分の2以上に当たる多数をもって行わなければならない。
　（1）　監事の解任
　（2）　定款の変更
　（3）　その他法令で定められた事項
3　理事又は監事を選任する議案を決議するに際しては、各候補者ごとに第1項の決議を行わなければならない。理事又は監事の候補者の合計数が第15条に定める定数を上回る場合には、過半数の賛成を得た候補者の中から得票数の多い順に定数の枠に達するまでの者を選任することとする。
4　第1項及び第2項の規定にかかわらず、評議員（当該事項について議決に加わることができるものに限る。）の全員が書面又は電磁的記録により同意の意思表示をしたときは、評議員会の決議があったものとみなす。
（役員の定数）
第16条　この法人には、次の役員を置く。
　（1）理事　○○名以上○○名以内
　（2）監事　○○名以内
2　理事のうち一名を理事長とする。
3　理事長以外の理事のうち、1名を業務執行理事とすることができる。

（役員の選任）
第17条　理事及び監事は、評議員会の決議によって選任する。
2　理事長及び業務執行理事は、理事会の決議によって理事の中から選定する。
（役員の資格）
第18条　社会福祉法第44条第6項を遵守するとともに、この法人の理事のうちには、理事のいずれか1人及びその親族その他特殊の関係がある者の合計数が、理事総数（現在数）の3分の1を超えて含まれることになってはならない。
2　社会福祉法第44条第7項を遵守するとともに、この法人の監事には、この法人の理事（その親族その他特殊の関係がある者を含む。）及び評議員（その親族その他特殊の関係がある者を含む。）並びに、この法人の職員が含まれてはならない。また、各監事は、相互に親族その他特殊の関係がある者であってはならない。
（役員の報酬等）
第23条　理事及び監事に対して、評議員会において別に定める総額の範囲内で、評議員会において別に定める報酬等の支給の基準に従って算定した額を報酬等として支給することができる。
（決議）
第28条　理事会の決議は、決議について特別の利害関係を有する理事を除く理事の過半数が出席し、その過半数をもって行う。2　前項の規定にかかわらず、理事（当該事項について議決に加わることができるものに限る。）の全員が書面又は電磁的記録により同意の意思表示をしたとき（監事が当該提案について異議を述べたときを除く。）は、理事会の決議があったものとみなす。
（資産の区分）
第30条　この法人の資産は、これを分けて基本財産とその他財産、公益事業用財産及び収益事業用財産の4種とする。
2　基本財産は、次の各号に掲げる財産をもって構成する。
　　（1）○○県○○市○丁目○○番所在の木造瓦葺平家建○○保育園園舎　一棟（　　　　平方メートル）
　　（2）○○県○○市○丁目○○番所在の○○保育園　敷地（平方　　　メートル）
3　その他財産は、基本財産以外の財産とする。
4　公益事業用財産及び収益事業用財産は、第39条に掲げる公益を目的とする事業及び第41条に掲げる収益を目的とする事業の用に供する財産とする。
5　基本財産に指定されて寄附された金品は、速やかに第二項に掲げるため、必要な手続をとらなければならない。
（基本財産の処分）
第31条　基本財産を処分し、又は担保に供しようとするときは、理事会において理事総数（現在数）の3分の2以上の同意を得たうえで、評議員会の承認を得て、〔所轄庁〕の承認を得なければならない。ただし、次の各号に掲げる場合には、〔所轄庁〕の承認は必要としない。以下省略。
（事業計画及び収支予算）
第33条　この法人の事業計画書及び収支予算書については、毎会計年度開始の日の前日までに、理事長が作成し、理事会において理事総数（現在数）の3分の2以上の同意を得た上で、評議員会の承認を受けなければならない。これを変更する場合も、同様とする。

（事業報告及び決算）

第34条　この法人の事業報告及び決算については、毎会計年度終了後、理事長が次の書類を作成し、監事の監査を受けた上で、理事会の承認を受けなければならない。
  （1）　事業報告
  （2）　事業報告の附属明細書
  （3）　貸借対照表
  （4）　収支計算書（資金収支計算書及び事業活動計算書）
  （5）　貸借対照表及収支計算書（資金収支計算書及び事業活動計算書）の附属明細書
  （6）　財産目録

2　前項の承認を受けた書類のうち、第1号、第3号、第4号及び第6号の書類については、定時評議員会に提出し、第1号の書類についてはその内容を報告し、その他の書類については、承認を受けなければならない。

3　第1項の書類のほか、次の書類を主たる事務所に 5年間（また、従たる事務所に 3年間）備え置き、一般の閲覧に供するとともに、定款を主たる事務所（及び従たる事務所に）に備え置き、一般の閲覧に供するものとする。
  （1）　監査報告
  （2）　理事及び監事並びに評議員の名簿
  （3）　理事及び監事並びに評議員の報酬等の支給の基準を記載した書類
  （4）　事業の概要等を記載した書類

（臨機の措置）

第37条　予算をもって定めるもののほか、新たに義務の負担をし、又は権利の放棄をしようとするときは、理事総数の3分の2以上の同意を得た上で、評議員会の承認を受けなければならない。
  ＊公益事業又は収益事業を行う場合
    第 ○条（公益を目的とする事業）及び第 ○条（収益を目的とする事業）
    公益事業・収益事業に関する重要な事項については、理事総数（現在数）の3分の2以上の同意及び評議員会の承認を受けること。

（解散）

第38条　この法人は、社会福祉法第46条第1項第1号及び第3号から第6号までの解散事由により解散する。

（残余財産の帰属）

第39条　解散（合併又は破産による解散を除く。）した場合における残余財産は、評議員会の決議を得て、社会福祉法人並びに社会福祉事業を行う学校法人及び公益財団法人のうちから選出されたものに帰属する。

（定款の変更）

第40条　この定款を変更しようとするときは、評議員会の決議を得て、〔所轄庁〕の認可（社会福祉法第45条の36第2項に規定する厚生労働省令で定める事項に係るものを除く。）を受けなければならない。

2　前項の厚生労働省令で定める事項に係る定款の変更をしたときは、遅滞なくその旨を〔所轄庁〕に届け出なければならない。

> 3 役員の責任減免規定又は責任限定契約を適用する場合、必要な条文が追加されているか。
> （役員等又は評議員の社会福祉法人に対する損害賠償責任）

　理事、監事若しくは会計監査人又は評議員は、その任務を怠つたときは、社会福祉法人に対し、これによつて生じた損害を賠償する責任を負います（社会福祉法45条の20）。なお、その際、理事、監事、会計監査人においては、責任減免、責任限定を規定することができます。

　社会福祉法人制度改革の施行に伴う定款変更に係る事務の取扱いについて（社会・援護局福祉基盤課事務連絡　平成28年11月11日）の別紙「社会福祉法人制度改革の施行に伴う定款変更に関するQ&A」の"記載例"は、以下のとおりです。

（問8）第45条の20第4項で準用する一般法人法第114条第1項で規定する理事、監事又は会計監査人の責任の免除規定について、どのように定めればよいか。

（答）

1．以下の例を参考に定めること。

（責任の免除）

第○条　理事、監事又は会計監査人が任務を怠つたことによって生じた損害について社会福祉法人に対し賠償する責任は、職務を行うにつき善意でかつ重大な過失がなく、その原因や職務執行状況などの事情を勘案して特に必要と認める場合には、社会福祉法第45条の20第4項において準用する一般社団法人及び一般財団法人に関する法律第113条第1項の規定により免除することができる額を限度として理事会の決議によって免除することができる。

（問9）第45条の20第4項で準用する一般法人法第115条で規定する責任限定契約は定款においてどのように定めれば良いか。

（答）

1．以下の例を参考に定めること。

（責任限定契約）

第○条　理事（理事長、業務執行理事、業務を執行したその他の理事又は当該社会福祉法人の職員でないものに限る。）、監事又は会計監査人（以下この条において「非業務執行理事等」という。）が任務を怠ったことによって生じた損害について社会福祉法人に対し賠償する責任は、当該非業務執行理事等が職務を行うにつき善意でかつ重大な過失がないときは、金○○万円以上であらかじめ定めた額と社会福祉法第45条の20第4項において準用する一般社団法人及び一般財団法人に関する法律第113条第1項第2号で定める額とのいずれか高い額を限度とする旨の契約を非業務執行理事等と締結することができる。

2．なお、「あらかじめ定めた額」は、責任限定契約書において定めることなどが考えられる。

4　定款に記載されている事業が行われているか。
定款に記載されていない事業（所轄庁が認めた事業を除く）を行っていないか。

　事業の実施状況を確認してください。停止事業の有無、対処方法を確認し、事業廃止の場合、定款変更手続が必要となります。記載されていない事業を行っている場合、同様に定款変更手続が必要です。

定款例

> （目的）
> 第1条　この社会福祉法人は、多様な福祉サービスがその利用者の意向を尊重して総合的に提供されるよう創意工夫することにより、利用者が、個人の尊厳を保持しつつ、自立した生活を地域社会において営むことができるよう支援することを目的として、次の社会福祉事業を行う。
> （1）第一種社会福祉事業
> 　　（イ）障害児入所施設の経営
> 　　（ロ）特別養護老人ホームの経営
> 　　（ハ）障害者支援施設の経営
> （2）第二種社会福祉事業
> 　　（イ）老人デイサービス事業の経営
> 　　（ロ）老人介護支援センターの経営
> 　　（ハ）保育所の経営
> 　　（ニ）障害福祉サービスの経営
> 　　（ホ）相談事業の経営
> 　　（ヘ）移動支援事業の経営
> 　　（ト）地域活動支援センターの経営
> 　　（チ）福祉ホームの経営

5　定款の変更は所定の手続（評議員会の特別決議）を経ているか。

　定款変更手続（社会福祉法45条の36）が適正になされているか否かを確認してください。事業目的の変更・追加、条文の整備、基本財産の減少については所轄庁の認可（同条2項）が必要ですが、事務所所在地の変更、基本財産の増加、公告の方法の変更については所轄庁への届出で足りると規定されています（社会福祉法施行規則4条1項）。

　なお、基本財産の定義は明確ではありませんが、通知において以下の通り記載があります。

　すべての施設についてその施設の用に供する不動産は「基本財産」としなければならないこと（審査基準第2　2　資産の区分（1）イ）。

　「その施設の用に供する不動産」とは、社会福祉施設の最低基準により定められた設備を含む建物並びにその建物の敷地及び社会福祉施設の最低基準により定められた設備の敷地をいう（審査要領第2（4））。

社会福祉法

(定款の変更)
第45条の36　この定款を変更しようとするときは、評議員会の決議を得て、〔所轄庁〕の認可(社会福祉法第45条の36第2項に規定する厚生労働省令で定める事項に係るものを除く。)を受けなければならない。
　2　定款の変更(厚生労働省令で定まる事項に係るものを除く)は、所轄庁の認可を受けなければ、その効力を生じない。

社会福祉法施行規則

(定款変更認可申請手続)
第3条　法人は、法第45条の36第2項規定により定款の変更の認可を受けようとするときは、定款変更の条項及び理由を記載した申請書に次に掲げる書類を添付して所轄庁に提出しなければならない。

社会福祉法施行規則

(定款変更の届出)
第4条　法第45条の36第2項に規定する厚生労働省で定める事項(届出を必要としない事項)は、次のとおりとする。
　一　事務所の所在地(法31条第1項第4号)
　二　資産に関する事項(基本財産の増加に限る、同第9号)
　三　公告の方法(同15号)

定款例

(基本財産の処分)
第29条　基本財産を処分し、又は担保に供しようとするときは、理事会及び評議員会の承認を得て、〔所轄庁〕の承認を得なければならない。ただし、次の各号に掲げる場合には、〔所轄庁〕の承認は必要としない。
　一　独立行政法人福祉医療機構に対して基本財産を担保に供する場合
　二　独立行政法人福祉医療機構と協調融資(独立行政法人福祉医療機構の福祉貸付が行う施設整備のための資金に対する融資と併せて行う同一の財産を担保とする当該施設整備のための資金に対する融資をいう。以下同じ。)に関する契約を結んだ民間金融機関に対して基本財産を担保に供する場合(協調融資に係る担保に限る。)

6　定款施行細則は定められているか。

　社会福祉法人は、定款の定めに従い運営されます。定款はいわば法人の憲法に当たるものですが、定款で詳細な内容まですべてを定めることは不可能です。
　そのため、運営上の重要な事項については、細則として別途理事会に諮って定めることと

なります。施行細則に規定する具体的な内容としては、評議員・評議員会・理事・監事・会計監査人・職務権限・業務分掌などに関する規則があります。

また、定款は所轄庁の認可を受けなければその効力を発生しませんが、施行細則については法人の自主性に任されていることから理事会において改廃することができます。ただし、自主的に定めることのできるとはいえ、法律や定款の規定に違反しないように定めなければいけません。

定款例

第40条　この定款の施行についての細則は、理事会において定める。

7　理事長・業務執行理事の専決事項を定款施行細則で定めているか。

社会福祉法人において日常よく行われる契約、決定等については、あらかじめ理事会の決定により理事長の専決で行えるようにすることができますが、これらの専決事項は、定款施行細則や理事長専決規程などの形で明確に規定する必要があります。

ただし、注意しなければならないことは"日常の業務"の解釈です。法人が定款施行細則又は理事長専決事項に定めれば、何でも理事長専決が可能というわけではありません。理事長専決と定めた業務が"日常の業務"の範囲であることを説明する責任は法人にありますので、理事長の専決事項を審議する理事会の場で、その内容が"日常の業務"の範囲であるか否かについてきちんと審議し、その内容を議事録に残す必要があります。

定款例

第24条　理事会は、次の職務を行う。ただし、日常の業務として理事会が定めるものについては理事長が専決し、これを理事会に報告する。
（備考）
（1）「日常の業務として理事会が定めるもの」の例としては、次のような業務がある。なお、これらは例示であって、法人運営に重大な影響をあるものを除き、これら以外の業務であっても理事会において定めることは差し支えないこと。
　①　「施設長の任免その他重要な人事」を除く職員の任免
（注）理事長が専決できる人事の範囲については、法人としての判断により決定することが必要であるので、理事会があらかじめ法人の定款細則等に規定しておくこと。
　②　職員の日常の労務管理・福利厚生に関すること
　③　債権の免除・効力の変更のうち、当該処分が法人に有利であると認められるもの、その他やむを得ない特別の理由があると認められるもの。ただし、法人運営に重大な影響があるものを除く。

④ 設備資金の借入に係る契約であって予算の範囲内のもの
⑤ 建設工事請負や物品納入等の契約のうち次のような軽微なもの
　ア　日常的に消費する給食材料、消耗品等の日々の購入
　イ　施設設備の保守管理、物品の修理等
　ウ　緊急を要する物品の購入等
（注）理事長が専決できる契約の金額及び範囲については、随意契約によることができる場合の基準も参酌しながら、法人の判断により決定することが必要であるので、理事会があらかじめ法人の定款細則等に規定しておくこと。
⑥ 基本財産以外の固定資産の取得及び改良等のための支出並びにこれらの処分。ただし、法人運営に重大な影響がある固定資産を除く。
（注）理事長が専決できる取得等の範囲については、法人の判断により決定することが必要であるので、理事会があらかじめ法人の定款細則等に規定しておくこと。
⑦ 損傷その他の理由により不要となった物品又は修理を加えても使用に耐えないと認められる物品の売却又は廃棄。ただし、法人運営に重大な影響がある固定資産を除く。
（注）理事長が専決できる固定資産等の範囲については、法人の判断により決定することが必要であるので、理事会があらかじめ法人の定款細則等に規定しておくこと。
⑧ 予算上の予備費の支出
⑨ 入所者・利用者の日常の処遇に関すること
⑩ 入所者の預り金の日常の管理に関すること
⑪ 寄付金の受入れに関する決定。ただし、法人運営に重大な影響があるものを除く。
（注）寄付金の募集に関する事項は専決できないこと。なお、これらの中には諸規程において定める契約担当者に委任されるものも含まれる。

8　インターネットで公開されているか。

　定款、報酬等の支給の基準、計算書類、役員名簿及び現況報告書について、インターネットの利用により、遅滞なく公表することとされています（社会福祉法59条の2第1項、社会福祉法施行規則10条、審査基準第5　その他［5］）。
　なお、財務情報の公表対象について、計算書類と規定されたため、平成28年度決算から1様式から4様式までとなりました。

　「社会福祉法人の財務諸表等電子開示システム」による情報の提供等について（社援発0329第49号 平成29年3月29日）において、独立行政法人福祉医療機構が構築する「社会福祉法人の財務諸表等電子開示システム」（以下「電子開示システム」という）を利用して、情報開示等を行うこととされました。

　所轄庁が厚生労働大臣へ提供する情報は、

(1) 計算書類
(2) 拠点区分資金収支明細書
(3) 拠点区分事業活動明細書
(4) 財産目録
(5) 現況報告書
(6) 社会福祉充実残額算定シート
(7) 社会福祉充実計画

法人が、電子開示システムで公表する事項は、
(1) 計算書類
(2) 現況報告書(法人の運営に係る重要な部分に限り、個人の権利利益が害されるおそれがある部分を除く)
(3) 社会福祉充実計画

(ⅱ) 事 業

1　地域における公益的取組を実施しているか。

　法人は、法第4条の趣旨を踏まえ、地域福祉の推進に努める使命を有することから、その本来事業である社会福祉事業に支障のない範囲において、地域の様々な福祉需要に応える公益的取組(公益事業の実施のほか、低所得者に対するサービス利用料の減免等を含む)を積極的に実施することが求められています(審査基準第1)。「社会福祉法人の「地域における公益的な取組」について」(社援基発0601第1号　平成28年6月1日)において、以下の通り規定されています。

　1　「地域における公益的な取組」を行う趣旨

　　社会福祉法人は、平成28年改正法第24条第2項で規定された「地域における公益的な取組」に係る責務を負っていますが、法人の本旨から導かれる法人が本来果たすべき役割を明確化したとのことです。

　2　「地域における公益的な取組」の内容

　(1)　平成28年改正法第24条第2項の要件

　　平成28年改正法第24条第2項は、「社会福祉法人は、社会福祉事業及び第26条第1項に規定する公益事業を行うに当たっては、日常生活又は社会生活上の支援を必要とする者に対して、無料又は低額な料金で、福祉サービスを積極的に提供するよう努めなければならない。」としています。

「地域における公益的な取組」の要件は、
① 社会福祉事業又は公益事業を行うに当たって提供される福祉サービスであること
② 日常生活又は社会生活上の支援を必要とする者に対する福祉サービスであること
③ 無料又は低額な料金で提供される福祉サービスであること
と規定されています。

上記の法律上の要件は、法人が他の事業主体では困難な福祉ニーズに対応することを明記したものであり、上記③の要件である「無料又は低額な料金で提供される福祉サービス」の実質的な意義は、既存の制度の対象とならず、公的な費用負担（※）がない福祉サービスを提供することです。

2 社会福祉事業が法人事業のうち主たる地位を占めているか。

社会福祉法人は社会福祉事業を実施するための法人であることから、社会福祉事業そのものが法人事業の中で主たる地位を占める必要があります（審査基準第1）。公益事業や収益事業が主要な事業となり、社会福祉事業がほとんど実施されていない状態は認められていません。

審査基準

> 第1　社会福祉法人の行う事業
> 1　社会福祉事業
> （1）（社会福祉事業が）当該法人の事業のうち主たる地位を占めるものであること。
> （2）社会福祉事業の経営は、法第3条、第4条及び第5条の趣旨を尊重し、法第61条の事業経営の準則に合致するものであること。
> （3）社会福祉事業は、法令に基づく施設の最低基準その他の要件を満たしているものであること。
> （4）社会福祉事業に必要な財源の大半を収益事業に求めるような計画の下に行われるものであってはならないこと。
> 以下、（5）～（7）省略

3 社会福祉事業を行うための必要な資産が確保されているか。

法人は、社会福祉事業を行うために直接必要なすべての物件に所有権を有する、又は国若しくは地方公共団体から貸与若しくは使用許可を受けることが原則です。

但し、都市部等土地の取得が極めて困難な地域においては、不動産の一部（社会福祉施設を経営する法人の場合には、土地）に限り国若しくは地方公共団体以外の者から貸与を受けることができますが、事業の存続に必要な期間の地上権又は賃借権を設定し、かつ、これを登記しなければならないとされています（審査基準第2の1（1））。

なお、法人の経営の安定性の確保や社会福祉事業の特性の観点から、不動産の賃借料の水準は、極力低額であることが望ましいとされ、法人が当該賃借料を長期間負担しても経営の安定性を阻害しないことが要件となっています。また、当該法人の理事長又は当該法人から報酬を受けている役員等から有償にて貸与を受けることは、望ましくないとされています（審査要領第2（7））。

> **4　社会福祉事業の収入を公益事業（法令等により認められた事業を除く。）又は収益事業の支出に充てていないか。**

　公益事業及び収益事業は、元来、社会福祉事業を適切に実施する為に認められているため、その収益（利益）を社会福祉事業に繰り入れすることが原則です。よって、社会福祉事業の資金を公益事業、収益事業に繰り入れすることは前提とされていません。しかし、事業実施の必要性から、一部事業への特例的な繰入や短期的な資金提供が例外的に認められています。

　社会福祉事業の収入について、事業報酬ごとに資金の使途が制限されているため、その内容を理解する必要があります。

　そこで、資金の使途制限の概要を確認して下さい。また「移行時積立金の取崩」は、措置費を財源とするため、特に使途が限定されています。

---

① （老人福祉施設）特別養護老人ホームにおける繰越金等の取扱い等について
　　　　　　　　　　　　　　　　（平成12年3月10日老発188号、平成26年6月30日改正）
② （障害者支援施設）障害者自立支援法の施行に伴う移行時積立金等の取扱について
　　　　　　　　　　　　　　　　（平成18年10月18日障発1018003号、19年3月30日改正）
　　（障害児施設）指定障害児入所施設等における障害児入所給付費等の取扱いについて
　　　　　　　　　　　　　　　　（平成24年8月20日障発0820第8号）
③ （措置施設等）社会福祉法人が経営する社会福祉施設における運営費の運用及び指導について
　　　　　　　　　　　（平成16年3月12日雇児発・社援発・老発0312001号、平成29年3月29日改正）
④ （子育て施設）子ども・子育て支援法附則第6条の規定による私立保育所に対する委託費の経理等について
　　　　　　　　　　（平成27年9月3日府子本第254号、雇児発0903第6号、平成29年4月6日改正）

項　目	老発188号	障発1018003号	0312001号	府子本254号
条件			1の弾力運用4つの条件を満たすもの	1(2)7条件＋1(5)3条件を満たすもの
建物整備・借入金償還充当限度額	介護保険収入を制限無し 用地取得可 ＊補助算定上移行時積立金を控除	支援費収入を 同左 同左 左記の条件なし	措置費収入を 民改費加算額全額	委託費収入を 委託費の3ヶ月分 ＊子育て支援事業

項　目	老発188号	障発1018003号	0312001号	府子本254号
積立金の積立制限	介護保険収入を 制限無し 人件費積立金 施設整備積立金	支援費収入を 同左	措置費収入を 人件費積立金 施設整備積立金 （但し、土地を含み、使用計画必要） いずれも制限なし	委託費収入を 人件費積立預金 保育所施設・設備整備積立金 同左（修繕・備品を統合、土地取得費含む） いずれも制限なし
資金の繰入	介護保険収入を 他の社会福祉事業に対しては、当期資金収支差額を限度 介護保険事業に対しては当期末支払資金残高に不足が生じない範囲	支援費収入を 同左 同左（障害者支援施設等）	措置費収入を 本部又は他の社会福祉事業に対しては、前期末支払資金残高の範囲内 公益事業（一体的な事業に限る）と指定居宅サービス（介護保険）に対しては、前期末残高の10％	委託費収入を 同左 同左
資金の繰替使用	介護保険収入を 公益・収益事業へ可、年度内精算が条件	支援費収入を 同左	措置費収入を 資金の貸し付け可、年度内精算	委託費収入を 同左
積立金の目的外使用	理事会の承認で	同左	同左	同左
当期末支払資金の保有制限	なし	なし	当期末残高30％以内	当期末残高30％以内

5　公益事業は、社会福祉事業と関係を有し、かつ公益性を有しているか。

　法人は、経営する社会福祉事業に支障がない場合、公益事業を行うことができます（社会福祉法26条1項）。公益事業を行うに当たっては、日常生活又は社会生活上の支援を必要とする者に対して、無料又は低額な料金で、福祉サービスを積極的に提供するよう努めなければならないものとされています（同法24条2項）。

> **定款例**（末尾）

第6章　資産及び会計
（備考1）
　公益事業を行う社会福祉法人は、定款に次の章を加えること。

　　　　第○章　公益を目的とする事業
　（種別）
第○条　この法人は、社会福祉法第26条の規定により、利用者が、個人の尊厳を保持しつつ、自立した生活を地域社会において営むことができるよう支援することなどを目的として、次の事業を行う。
　　（1）　○○の事業
　　（2）　○○の事業
2　前項の事業の運営に関する事項については、理事総数の3分の2以上の同意を得なければならない。
　（注1）　具体的な目的の記載は、事業の種別に応じ、社会福祉法の基本的理念及びそれぞれの法人の理念に沿って記載すること。
　（注2）　上記記載は、あくまで一例であるので、（注1）を踏まえ、法人の実態に即した記述とすること。
　（注3）　公益事業の内、規模が小さく社会福祉事業と一体的に行われる事業又は社会福祉事業の用に供する施設の機能を活用して行う事業については、必ずしも定款の変更を行うことを必要としないこと。

> **審査基準**

第1　社会福祉法人の行う事業
　2　公益事業
　　（1）　公益を目的とする事業であって、社会福祉事業以外の事業であること。
　　（2）　公益事業には、例えば次のような事業が含まれること。（以下、省略）

> 6　公益事業の規模が社会福祉事業に比べて過大であり、社会福祉事業の経営に支障を来していないか。

　公益事業の規模が拡大し、社会福祉事業の経営の障害になることは認められていません。例えば、当該事業を行うことにより、当該法人の行う社会福祉事業の円滑な遂行を妨げないこと、社会福祉事業に対し従たる地位にあることが条件であり、社会通念上公益性が認められるものであっても社会福祉と関係性がない事業は行うことができません。

> 7　公益事業（社会福祉事業と一体的に運営される場合を除く）は、他の事業と区分して計上されているか。

　計算書類の作成に関して、事業区分及び拠点区分を設けることとなっていますが（基準10条1項）、公益事業に関する会計は社会福祉事業に関する会計から区分しなければなりません（法26条2項）。

8 公益事業の剰余金は社会福祉事業又は公益事業に充てられているか。

公益事業は社会福祉事業を円滑に実施するために認められた事業なので、その収益は社会福祉事業で利用することが原則です。

定款例

第6章　資産及び会計
（剰余金が出た場合の処分）
第○条　前条の規定によって行う事業から生じた収益は、この法人の行う社会福祉事業又は公益事業に充てるものとする。

審査基準

第1　社会福祉法人の行う事業
 2　公益事業
　（6）公益事業において剰余金を生じたときは、当該法人が行う社会福祉事業又は公益事業に充てること。

9 収益事業は、社会福祉事業（又は公益事業）と関係を有し、必要性を有しているか。

収益事業も公益事業と同様の制限を受けますが、その収益を社会福祉事業に繰り入れて使用することを目的としています。社会福祉法上の収益事業は、法人税法上の収益事業の定義とは、必ずしも同一ではありませんが、税法上も収益事業と認定された事業から社会福祉事業への繰入は、「みなし寄附」という取扱で税の優遇措置があります。

定款例（末尾）

第6章　資産及び会計
（備考2）収益事業を行う社会福祉法人は、定款に次の章を加えること
第○章　収益を目的とする事業
（種別）
第○条　この法人は、社会福祉法第26条の規定により、次の事業を行う。
　（1）○○業
　（2）○○業
 2　前項の事業の運営に関する事項については、理事総数の3分の2以上の同意を得なければならない。
　　（備考）事業種類は、事業の内容が理解できるよう具体的に記載すること。
（収益の処分）
第○条　前条の規定によって行う事業から生じた収益は、この法人の行う社会福祉事業又は公益事業（社会福祉法施行令（昭和33年政令第185号）第4条及び平成14年厚生労働省告示第283号に掲げるものに限る。）に充てるものとする。

> **審査基準**
>
> 第1　社会福祉法人の行う事業
> 3　収益事業
> （1）法人が行う社会福祉事業又は公益事業（社会福祉法施行令（昭和33年政令第185号）第13条及び平成14年厚生労働省告示第283号に掲げるものに限る。以下（3）において同じ。）の財源に充てるため、一定の計画の下に収益を得ることを目的として反復継続して行われる行為であって、社会通念上事業と認められる程度のものであること。

10　収益事業の規模が社会福祉事業に比べて過大であり、社会福祉事業の経営に支障を来していないか。

　公益事業と同様の規制であり、過大な収益を得ている場合、法人税課税の問題も発生します。

> **審査基準**
>
> 第1　社会福祉法人の行う事業
> 3　収益事業
> （5）当該事業は、当該法人の行う社会福祉事業に対し従たる地位にあることが必要であり、社会福祉事業を超える規模の収益事業を行うことは認められないこと。

11　社会福祉法人の社会的信用を傷つけるおそれのあるもの及び投機的なものではないか。

　収益事業実施に当たっては、事業の種類については、特別の制限はありませんが、法人の社会的信用を傷つけるおそれがあるものや投機的なものは認められていません（審査基準第1　3（2））。

12　法人の行う社会福祉事業の円滑な遂行を妨げていないか。

　収益事業の実施が、社会福祉事業の円滑な遂行を妨げることは認められていません（審査基準第1　3（4））。また、収益事業の拡大によって社会福祉事業の規模を超え、主たる地位を占めることも認められていません（同（5））。

13　収益事業は、他の事業と区分して計上されているか。

　公益事業と同様に、会計は区分しなければなりません。法人税法上の収益事業に該当する場合、収益事業区分のみが税務申告の対象となるため、正確な区分が必須となります。また、収益事業の範囲に含まれない事業であっても、法人の定款上は収益事業となる場合があります。

> 14　収益事業の剰余金は、社会福祉事業又は公益事業の経営に充てられているか。税法上収益事業と認定された場合、みなし寄附の適用を検討したか。

　収益事業から生じた収益（利益）は、社会福祉事業又は公益事業の経営に充当することとされています（審査基準第1　3（3））。

　社会福祉法人は非営利法人であり、すべての収益に対してではなく、（法人税法上の）収益事業の収益のみに法人税が課税されます。その課税対象のうち、社会福祉事業に使用された金額に対して、税の優遇措置があります。

　この法人税法上の「みなし寄附」の取扱は、所得金額の50％又は年間200万円までの金額を社会福祉事業に繰り入れて使用した場合に、法人税の損金に算入することができる制度です。

(iii) 機　関

a　評議員・評議員会

> 1　評議員の選任（解任）手続きは、評議員選任・解任委員会で適正に行われているか。
> （評議員候補者は理事会で適正に決定され、評議員選任・解任委員会へ推薦されているか。）
> （必要な識見を有する者が選任されているか。欠格事由等に該当する者が選任されていないか。）
> （評議員の員数は、理事の員数を超える数となっているか。）
> （評議員選任・解任委員会の運営細則が定められているか。）

　すべての社会福祉法人は、評議員、評議員会を設置しなければなりません（社会福祉法36条1項）。

　評議員は、定款の定めるところにより選任する（同法39条）と規定されていますが、選任方法は、法人関係者でない中立的な立場にある外部の者が参加する機関（評議員選任・解任委員会）を設置し、この機関の決定に従って行う方法が考えられるとされています（審査基準第3-2（1）後段）。

　評議員の選任及び解任は、監事〇名、事務局員〇名、外部委員〇名の合計〇名からなる評議員選任・解任委員会において行うこととされています（定款例6条）。その決議は、委員の過半数が出席し、その過半数で行われますが、外部委員〇名以上が出席し、外部委員〇名以上が賛成することを要することになりました（同法5項）。例えば、委員数に制限はないため（FAQ問11）、最低員数の監事1名、事務局員1名、外部委員1名（法人職員）、合計3名と規定した場合、外部委員1名は必ず出席し、賛成でなければ同意は得られないことになります。

　なお、評議員選任・解任委員会の運営細則は理事会で定められ、選任候補者の推薦及び解任の提案は理事会で行い、その理由を選任委員に説明する必要があります。評議員選任・解

任委員会の議事録は、出席委員の署名又は記名の上押印し、10年間保存することが適当とされています（FAQ問4）。

評議員の資格要件は、「必要な識見を有する者」とされていますが（同法39条）、特に制限はなく、社会福祉にある程度精通した人物であれば問題ありません。なお、地域の制限はありません（FAQ問18、19）。会計顧問である公認会計士・税理士に関しては、請負業務を行っている場合には評議員にはなれませんが、あくまで顧問として相談・アドバイスのみであれば評議員になることは可能です（FAQ問21）。ただし、専門家として財務会計に係る体制整備状況の点検等の支援を行う場合、当該支援業務の報告書を提出・公表することになるため、評議員となることはできません（FAQ問22）。なお、福祉充実計画の承認は、法人監事又は業務委託先である公認会計士・税理士でも可能なため、評議員である公認会計士・税理士でも可能であると考えられます。

「法人」及び「個人で欠格事由に該当する者」は評議員になることはできません（同法40条1項）。成年被後見人等、社会福祉法等の規定に違反し刑に処せられた者等、解散命令を受けた社会福祉法人の解散当時の役員、及び当該社会福祉法人の役員又は職員でないことを確認してください。関係行政庁の職員、実際に運営に参画できない名目的な者、特定の公職にある者、反社会的勢力の者でないことを確認して下さい。なお、社会福祉協議会においては、関係行政庁の職員が評議員総数の5分の1まで評議員となることができます（審査基準第3-1（1））。

各評議員において、配偶者又は3親等以内の親族、その他特殊の関係にある者が、評議員、役員でないことを確認してください。

会計監査人は公認会計士法第24条の規定により評議員になることはできませんが、嘱託医は雇用関係がないことから評議員になることは可能です（FAQ問23、23-2）。

評議員の員数は理事の員数を超える必要があります（同法40条3項）。理事の最低数が6名の為、評議員の員数は最低7名となります。しかし、評議員確保の困難性を考慮し、経過措置として平成27年度におけるサービス活動収益4億円以下の法人は、平成29年4月1日から3年間は4人以上でよいとされています（改正法附則第10条及び政令附則第4条）。

定款例

(評議員の選任及び解任)
第6条　この法人に評議員選任・解任委員会を置き、評議員の選任及び解任は、評議員選任・解任委員会において行う。
2　評議員選任・解任委員会は、監事○名、事務局員○名、外部委員○名の合計○名で構成する。
3　選任候補者の推薦及び解任の提案は、理事会が行う。評議員選任・解任委員会の運営についての細則は、理事会において定める。
4　選任候補者の推薦及び解任の提案を行う場合には、当該者が評議員として適任及び不適任と判断した理由を委員に説明しなければならない。
5　評議員選任・解任委員会の決議は、委員の過半数が出席し、その過半数をもって行う。ただし、外部委員の○名以上が出席し、かつ、外部委員の○名以上が賛成することを要する。
(備考)
評議員の選任及び解任は、上記の評議員選任・解任委員会以外の中立性が確保された方法によることも可能である。なお、理事又は理事会が評議員を選任し、又は解任する旨の定款の定めは効力を有しない(法第31条第5項)。

社会福祉法

(評議員の選任)
第39条　評議員は、社会福祉法人の適正な運営に必要な識見を有する者のうちから、定款の定めるところにより、選任する。

社会福祉法

(評議員の資格等)
第40条　次に掲げる者は、評議員となることができない。
一　法人
二　成年被後見人又は被保佐人
三　生活保護法、児童福祉法、老人福祉法、身体障害者福祉法又はこの法律の規定に違反して刑に処せられ、その執行を終わり、又は執行を受けることがなくなるまでの者
四　前号に該当する者を除くほか、禁錮以上の刑に処せられ、その執行を終わり、又は執行を受けることがなくなるまでの者
五　第56条第8項の規定による所轄庁の解散命令により解散を命ぜられた社会福祉法人の解散当時の役員
2　評議員は、役員又は当該社会福祉法人の職員を兼ねることができない。
3　評議員の数は、定款で定めた理事の員数を超える数でなければならない。
4　評議員のうちには、各評議員について、その配偶者又は3親等以内の親族その他各評議員と厚生労働省令で定める特殊の関係がある者が含まれることになってはならない。
5　評議員のうちには、各役員について、その配偶者又は3親等以内の親族その他各役員と厚生労働省令で定める特殊の関係がある者が含まれることになってはならない。

社会福祉法施行規則

（評議員のうちの各評議員と特殊の関係がある者）
第2条の7 法第40条第4項に規定する各評議員と厚生労働省令で定める特殊の関係がある者は、次に掲げる者とする。
一　当該評議員と婚姻の届出をしていないが事実上婚姻関係と同様の事情にある者
二　当該評議員の使用人
三　当該評議員から受ける金銭その他の財産によって生計を維持している者
四　前2号に掲げる者の配偶者
五　第1号から第3号までに掲げる者の3親等以内の親族であって、これらの者と生計を一にするもの
六　当該評議員が役員（法人でない団体で代表者又は管理人の定めのあるものにあっては、その代表者又は管理人。以下この号及び次号において同じ。）若しくは業務を執行する社員である他の同一の団体（社会福祉法人を除く。）の役員、業務を執行する社員又は職員（当該評議員及び当該他の同一の団体の役員、業務を執行する社員又は職員 である当該社会福祉法人の評議員の合計数の当該社会福祉法人の評議員の総数のうちに占める割合が、3分の1を超える場合に限る。）
七　他の社会福祉法人の役員又は職員（当該他の社会福祉法人の評議員となっている当該社会福祉法人の評議員及び役員の合計数が、当該他の社会福祉法人の評議員の総数の半数を超える場合に限る。）
八　次に掲げる団体の職員のうち国会議員又は地方公共団体の議会の議員でない者（当該団体の職員（国会議員及び 地方公共団体の議会の議員である者を除く。）である当該社会福祉法人の評議員の総数の当該社会福祉法人の評議 員の総数のうちに占める割合が、3分の1を超える場合に限る。）
　　イ　国の機関
　　ロ　地方公共団体
　　ハ　独立行政法人通則法第2条第1項に規定する独立行政法人
　　ニ　国立大学法人法第2条第1項に規定する国立大学法人又は同条第3項に規定する大学共同利用機関法人
　　ホ　地方独立行政法人法第2条第1項に規定する地方独立行政法人
　　ヘ　特殊法人（特別の法律により特別の設立行為をもって設立された法人であって、総務省設置法第4条第1項第9号の規定の適用を受けるものをいう。）又は認可法人（特別の法律により設立され、かつ、その設立に関し行政官庁の認可を要する法人をいう。）

社会福祉法施行規則

（評議員のうちの各役員と特殊の関係がある者）
第2条の8 法第40条第5項に規定する各役員と厚生労働省令で定める特殊の関係がある者は、次に掲げる者とする。
一　当該役員と婚姻の届出をしていないが事実上婚姻関係と同様の事情にある者
二　当該役員の使用人
三　当該役員から受ける金銭その他の財産によって生計を維持している者
四　前二号に掲げる者の配偶者
五　第一号から第三号までに掲げる者の3親等以内の親族であって、これらの者と生計を一にするもの

六　当該役員が役員（法人でない団体で代表者又は管理人の定めのあるものにあっては、その代表者又は管理人。以下この号及び次号において同じ。）若しくは業務を執行する社員である他の同一の団体（社会福祉法人を除く。）の役員、業務を執行する社員又は職員（当該他の同一の団体の役員、業務を執行する社員又は職員である当該社会福祉法人の評議員の総数の当該社会福祉法人の評議員の総数のうちに占める割合が、3分の1を超える場合に限る。）
七　他の社会福祉法人の役員又は職員（当該他の社会福祉法人の評議員となっている当該社会福祉法人の評議員及び役員の合計数が、当該他の社会福祉法人の評議員の総数の半数を超える場合に限る。）

2　評議員会は適正な手続（招集、事項、時期）に従って、開催されているか。
（欠席が継続している評議員はいないか。）

　定時評議員会は、毎会計年度終了後一定の時期（3ヶ月以内）に開催する必要があります（社会福祉法45条の9　1項）。理事会決議に基づいて、日時・場所、目的である事項、その他を定め、理事（長）が、評議員会の1週間前までに書面又は電磁的方法（事前に承諾を得た場合）により通知しなければなりません（同法45条の9第10項、一般法人法181条、182条）。
　評議員会を欠席している評議員においては、善管注意義務の履行の証明が困難となることから注意が必要です。

定款例

（開催）
第11条　評議員会は、定時評議員会として毎年度〇月に1回開催するほか、（〇月及び）必要がある場合に開催する。
（備考）
定時評議員会は、年に1回、毎会計年度の終了後一定の時期に招集しなければならない（法第45条の9第1項）ので、開催時期を定めておくことが望ましい。なお、「毎年度〇月」については、4月～6月までの範囲となる。開催月を指定しない場合は「毎年度〇月」を「毎会計年度終了後3ヶ月以内」とすることも差し支えない。他方、臨時評議員会は、必要がある場合には、いつでも、招集することができる。（法第45条の9第2項）。
（招集）
第12条　評議員会は、法令に別段の定めがある場合を除き、理事会の決議に基づき理事長が招集する。
2　評議員は、理事長に対し、評議員会の目的である事項及び招集の理由を示して、評議員会の招集を請求することができる。
（決議）
第13条　評議員会の決議は、決議について特別の利害関係を有する評議員を除く評議員の過半数が出席し、その過半数をもって行う。
2　前項の規定にかかわらず、次の決議は、決議について特別の利害関係を有する評議員を除く評議員の〈例：3分の2以上〉に当たる多数をもって行わなければならない。
　　（1）　監事の解任
　　（2）　定款の変更
　　（3）　その他法令で定められた事項

社会福祉法

（評議員会の運営）
第45条の9　定時評議員会は、毎会計年度の終了後一定の時期に招集しなければならない。
2　評議員会は、必要がある場合には、いつでも、招集することができる。
3　評議員会は、第5項の規定により招集する場合を除き、理事が招集する。
4　評議員は、理事に対し、評議員会の目的である事項及び招集の理由を示して、評議員会の招集を請求することができる。
5　次に掲げる場合には、前項の規定による請求をした評議員は、所轄庁の許可を得て、評議員会を招集することができる。
　　一　前項の規定による請求の後遅滞なく招集の手続が行われない場合
　　二　前項の規定による請求があった日から6週間（これを下回る期間を定款で定めた場合にあっては、その期間）以内の日を評議員会の日とする評議員会の招集の通知が発せられない場合
6　評議員会の決議は、議決に加わることができる評議員の過半数（これを上回る割合を定款で定めた場合にあっては、その割合以上）が出席し、その過半数（これを上回る割合を定款で定めた場合にあっては、その割合以上）をもって行う。
7　前項の規定にかかわらず、次に掲げる評議員会の決議は、議決に加わることができる評議員の3分の2（これを上回る割合を定款で定めた場合にあっては、その割合）以上に当たる多数をもって行わなければならない。
　　一　第45条の4第1項（役員の解任）の評議員会（監事を解任する場合に限る。）
　　二　第45条の20第4項において準用する一般律第113条第1項（役員等の責任の一部免除）の評議員会
　　三　第45条の36第1項（定款の変更）の評議員会
　　四　第46条第1項第1号（社会福祉法人の評議員会決議による解散）の評議員会
　　五　第52条（吸収合併消滅社会福祉法人の吸収合併契約の承認）、第54条の2第1項（吸収合併存続社会福祉法人の吸収合併契約の承認）及び第54条の8（新設合併消滅社会福祉法人の新設合併契約の承認）の評議員会
8　前2項の決議について特別の利害関係を有する評議員は、議決に加わることができない。
9　評議員会は、次項において準用する一般法人法第181条第1項第2号に掲げる事項（評議員会の目的である事項）以外の事項については、決議をすることができない。ただし、第45条の19第6項において準用する同法第109条（定時評議員会における会計監査人の意見の陳述）第2項の会計監査人の出席を求めることについては、この限りでない。
10　一般法人法第181条から第183条まで及び第192条の規定は評議員会の招集について、同法第194条の規定は評議員会の決議について、同法第195条の規定は評議員会への報告について、それぞれ準用する。

一般法人法（※社会福祉法で読替え準用）

（評議員会の招集の決定）
第181条　評議員会を招集する場合には、理事会の決議によって、次に掲げる事項を定めなければならない。
　一　評議員会の日時及び場所
　二　評議員会の目的である事項があるときは、当該事項
　三　前二号に掲げるもののほか、厚生労働省令で定める事項
2　前項の規定にかかわらず、社会福祉法（昭和26年法律第45号）第45の9第5項の規定により評議員が評議員会を招集する場合には、当該評議員は、前項各号に掲げる事項を定めなければならない。

社会福祉法施行規則

（招集の決定事項）
第2条の12　法第45条の9第10項において準用する一般法人法第181条第1項第3号に規定する厚生労働省令で定める事項は、評議員会の目的である事項に係る議案（当該目的である事項が議案となるものを除く。）の概要（議案が確定していない場合にあっては、その旨）とする。

一般法人法（※社会福祉法で読替え準用）

（評議員会の招集の通知）
第182条　評議員会を招集するには、理事（社会福祉法第45条の9第5項において準用する第182条第1項の規定により評議員が評議員会を招集する場合にあっては、当該評議員。次項において同じ。）は、評議員会の日の1週間（これを下回る期間を定款で定めた場合にあっては、その期間）前までに、評議員に対して、書面でその通知を発しなければならない。
2　理事は、前項の書面による通知の発出に代えて、政令で定めるところにより、評議員の承諾を得て、電磁的方法（社会福祉法第34条の2第2項第4号に規定する電磁的方法をいう。）により通知を発することができる。この場合において、当該理事は、同項の書面による通知を発したものとみなす。
3　前二項の通知には、前条第1項各号に掲げる事項を記載し、又は記録しなければならない。

一般法人法（※社会福祉法で読替え準用）

（招集手続の省略）
第183条　前条の規定にかかわらず、評議員会は、評議員の全員の同意があるときは、招集の手続を経ることなく開催することができる。

一般法人法（※社会福祉法で読替え準用）

（延期又は続行の決議）
第192条　評議員会においてその延期又は続行について決議があった場合には、第181条及び第182条の規定は、適用しない。

一般法人法（※社会福祉法で読替え準用）

（評議員会の決議の省略）
第194条　理事が評議員会の目的である事項について提案をした場合において、当該提案につき評議員（当該事項について議決に加わることができるものに限る。）の全員が書面又は電磁的記録により同意の意思表示をしたときは、当該提案を可決する旨の評議員会の決議があったものとみなす。
2　社会福祉法人は、前項の規定により評議員会の決議があったものとみなされた日から10年間、同項の書面又は電磁的記録をその主たる事務所に備え置かなければならない。
3　評議員及び債権者は、社会福祉法人の業務時間内は、いつでも、次に掲げる請求をすることができる。
　一　前項の書面の閲覧又は謄写の請求
　二　前項の電磁的記録に記録された事項を厚生労働省令で定める方法により表示したものの閲覧又は謄写の請求
4　第1項の規定により定時評議員会の目的である事項のすべてについての提案を可決する旨の評議員会の決議があったものとみなされた場合には、その時に当該定時評議員会が終結したものとみなす。

社会福祉法施行規則

（電磁的記録に記録された事項を表示する方法）
第2条の3　次に掲げる規定に規定する厚生労働省令で定める方法は、次に掲げる規定の電磁的記録（法第31条第2項に規定する電磁的記録をいう。以下同じ。）に記録された事項を紙面又は映像面に表示する方法とする。
　一～二　（省略）
　三　法第45条の9第10項において準用する一般法人法第194条第3項第2号
　四～十七　（省略）

一般法人法（※社会福祉法で読替え準用）

（評議員会への報告の省略）
第195条　理事が評議員の全員に対して評議員会に報告すべき事項を通知した場合において、当該事項を評議員会に報告することを要しないことにつき評議員の全員が書面又は電磁的記録により同意の意思表示をしたときは、当該事項の評議員会への報告があったものとみなす。

3　評議員の任期に誤りはないか。小規模法人の特例に留意すること。

　評議員の任期は、原則として4年とされていますが、定款により6年とすることができます（社会福祉法41条1項）。補欠として選任された評議員の任期として、任期満了前に退任した評議員の任期を引き継ぐ旨を定款に規定することが一般的ですが、小規模法人の経過措置として、評議員数を4名とする特例を定款附則に規定している場合には、平成33年4月1日から新たに選任された評議員と、従来から引き続き在任している評議員との任期にズレが生

じることとなります。従って、当分の間、残任期間の規定を設けず、平成33年３月31日で従来からの評議員全員が辞任し、平成33年４月１日から評議員７名が就任すれば、各評議員間の任期のズレが生じないこととなります。

> ４ 欠員が生じた場合速やかに補欠評議員を選任しているか。
> （補欠の任期、欠員の場合の退任者の権利・義務の継続に留意すること。）

　評議員に欠員が生じた場合、新たな評議員が選任されるまでは、なお従来の評議員が権利・義務を有するとされています（社会福祉法42条１項）。新たな評議員が選任されない場合、所轄庁は利害関係人の請求又は職権により、一時評議員の職務を行う者を選任することができます（同条２項）。評議員数が最低数である場合、１名でも欠員が生じると決議要件を欠くこととなり、決議が無効となる可能性があります。その場合には、すでに辞任した評議員に出席してもらうか、評議員会開催までに新たな評議員を選任する必要があります。

　評議員の任期は、原則として「選任後４年以内に終了する事業年度のうち最終のものに関する定時評議員会の終結の時まで」です。理事の任期の２年に対し２倍の任期としたのは、理事の任期よりも長期とすることにより、その地位を安定的なものとするためです。さらに、定款によってその任期を「選任後６年以内に終了する事業年度のうち最終のものに関する定時評議員会の終結の時まで」伸長することもできます。

　評議員の任期を原則の４年とした場合、改選は次のようになります。例えば、平成29年６月10日の定時評議員会の決議によって選任された評議員については、その選任後４年以内に終了する事業年度のうち最終のものは平成33年３月31日ですから、その事業年度のうち最終のものに関する定時評議員会の日までがその評議員の任期になります。その定時評議員会が平成33年６月25日に開催されると、任期は４年を超えることになり、またそれが６月５日に開催されると、４年より短い任期になります。

　評議員の任期を単に４年とすると、上記の例では、平成33年６月10日に任期が到来することになって 定時評議員会開催の６月25日までの間は評議員が欠けることになってしまうので、４年以内の事業年度のうち最終のものに関する定時評議員会の終結の時を基準に任期が定められています。

　評議員は、就任を承諾した時にその資格が生じますが、任期の起算点を就任の時からではなく、選任（ただし、就任承諾を条件とする）としたので、例えば、評議員選任・解任委員会で選任された日が５月30日で、就任承諾の日が６月１日であっても、任期の起算日は５月30日になります。

　したがって、選任前にあらかじめ就任承諾をしていようが、選任後に就任承諾をしようが、選任の時から任期を計算することになっています。

> **定款例**
>
> （評議員の任期）
> 第7条
> 2　評議員は、第5条に定める定数に足りなくなるときは、任期の満了又は辞任により退任した後も、新たに選任された者が就任するまで、なお評議員としての権利義務を有する。
> 　（備考）
> 　　法第41条第2項に基づき、補欠評議員の任期を退任した評議員の任期満了時までとする場合には、第1項の次に次の一項を加えること。
> 2　任期の満了前に退任した評議員の補欠として選任された評議員の任期は、退任した評議員の任期の満了する時までとすることができる。

> **社会福祉法**
>
> （評議員に欠員を生じた場合の措置）
> 第42条　この法律又は定款で定めた評議員の員数が欠けた場合には、任期の満了又は辞任により退任した評議員は、新たに選任された評議員（次項の一時評議員の職務を行うべき者を含む。）が就任するまで、なお評議員としての権利義務を有する。
> 2　前項に規定する場合において、事務が遅滞することにより損害を生ずるおそれがあるときは、所轄庁は、利害関係人の請求により又は職権で、一時評議員の職務を行うべき者を選任することができる。

> 5　定款規定の事項を審議し、また、議決要件（出席者、議決数、利害関係）を満たしているか。
> 　・書面又は電磁的記録による決議は、全員の意思表示により行われているか。

　評議員会の決議事項は、役員の選任・解任、役員報酬の額、役員及び評議員の報酬支給基準、計算書類及び財産目録の承認、定款変更、残余財産の処分、基本財産の処分、社会福祉充実計画の承認、その他法令又は定款で定めた事項（定款例10条）とされています。

　決議は、評議員の過半数が出席し、その過半数をもって行われますが、監事の解任、定款変更、その他法令で定められた事項については、特別決議（例えば3分の2以上の賛成）で行わなければならないとされています。

　評議員会の決議については、定款に議決権の代理行使等ができる旨の定めがされていません。評議員は、理事と同様に、その個人的な能力や資質に着目して法人運営を任された者であり、善良な管理者の注意をもって職務を遂行する者であるため、自ら評議員会に出席し、議決権を行使することが求められ、代理人を通じて議決権を行使することはできません。

　また、理事会に参加していない評議員が、その協議内容や意見交換の内容も知らずに、事前に書面評決や電子投票による議決権の行使することやいわゆる持ち回り決議をすること

は、責任ある議決権の行使とはいえないため、認められていません。執行機関である理事会に対する牽制・監督を行う機関として十分にその機能を果たしていくためにも、評議員会の運営については、理事会と同様の規律に従うことが相当と考えられています。

なお、理事が評議員会に議案の提案をした場合に、議決に加われる評議員全員が書面又は電磁的方法（メール等）によって同意したときは、その提案を可決する旨の決議があったとみなされ、定款に定めるところにより「評議員会の決議の省略」を行うことができます。ただし、現実に開催された評議員会と異なるため後に無効の決議とならないように、メール等による意見表明が本当に評議員本人の意思によるものなのか各評議員に電話等の手段で確認しておくべきです。このように、「評議員会の決議の省略」による方法では、評議員会の場での協議や意見交換は行われないことからも、重要案件に関してはこの方法による決議は避ける方が賢明です。

定款例

（権限）
第10条　評議員会は、次の事項について決議する。
　（1）　理事及び監事〈並びに会計監査人〉の選任又は解任
　（2）　理事及び監事の報酬等の額
　（3）　理事及び監事並びに評議員に対する報酬等の支給の基準
　（4）　計算書類（貸借対照表及び収支計算書）及び財産目録の承認
　（5）　定款の変更
　（6）　残余財産の処分
　（7）　基本財産の処分
　（8）　社会福祉充実計画の承認
　（9）　その他評議員会で決議するものとして法令又はこの定款で定められた事項
（備考）
　　会計監査人を置いていない場合、〈　〉内は不要。
　（2）については、本定款例のように報酬等の額を定款で定めない場合には、評議員会において決定する必要がある（法第45条の16第4項において準用する一般法人法第89条、法第45条の18第3項において準用する一般法人法第105条第1項）。

（決議）
第13条　評議員会の決議は、決議について特別の利害関係を有する評議員を除く評議員の過半数が出席し、その過半数をもって行う。
2　前項の規定にかかわらず、次の決議は、決議について特別の利害関係を有する評議員を除く評議員の〈例：3分の2以上〉に当たる多数をもって行わなければならない。
　（1）　監事の解任
　（2）　定款の変更
　（3）　その他法令で定められた事項

3 理事又は監事を選任する議案を決議するに際しては、各候補者ごとに第1項の決議を行わなければならない。理事又は監事の候補者の合計数が第15条に定める定数を上回る場合には、過半数の賛成を得た候補者の中から得票数の多い順に定数の枠に達するまでの者を選任することとする。
4 第1項及び第2項の規定にかかわらず、評議員（当該事項について議決に加わることができるものに限る。）の全員が書面又は電磁的記録により同意の意思表示をしたときは、評議員会の決議があったものとみなす。

（備考）
　第1項については、法第45条の9第6項に基づき、過半数に代えて、これを上回る割合を定款で定めることも可能である。（例：理事の解任等）
第2項については、法第45条の9第7項に基づき、3分の2以上に代えて、これを上回る割合を定めることも可能である。

社会福祉法

（評議員会の権限等）
第45条の8　（略）
2　評議員会は、この法律に規定する事項及び定款で定めた事項に限り、決議をすることができる。
3　この法律の規定により評議員会の決議を必要とする事項について、理事、理事会その他の評議員会以外の機関が決定することができることを内容とする定款の定めは、その効力を有しない。
4　一般法人法第184条から第186条まで及び第196条の規定は、評議員について準用する。

一般法人法（※社会福祉法で読替え準用）

（評議員提案権）
第184条　評議員は、理事に対し、一定の事項を評議員会の目的とすることを請求することができる。この場合において、その請求は、評議員会の日の4週間（これを下回る期間を定款で定めた場合にあっては、その期間）前までにしなければならない。

一般法人法（※社会福祉法で読替え準用）

第185条　評議員は、評議員会において、評議員会の目的である事項につき議案を提出することができる。ただし、当該議案が法令若しくは定款に違反する場合又は実質的に同一の議案につき評議員会において議決に加わることができる評議員の10分の1（これを下回る割合を定款で定めた場合にあっては、その割合）以上の賛成を得られなかった日から3年を経過していない場合は、この限りでない。

一般法人法 (※社会福祉法で読替え準用)

第186条　評議員は、理事に対し、評議員会の日の４週間（これを下回る期間を定款で定めた場合にあっては、その期間）前までに、評議員会の目的である事項につき当該評議員が提出しようとする議案の要領を社会福祉法（昭和26年法律第45号）第45の９第10項において準用する第182条第１項又は第２項の通知に記載し、又は記録して評議員に通知することを請求することができる。

2　前項の規定は、同項の議案が法令若しくは定款に違反する場合又は実質的に同一の議案につき評議員会において議決に加わることができる評議員の10分の１（これを下回る割合を定款で定めた場合にあっては、その割合）以上の賛成を得られなかった日から３年を経過していない場合には、適用しない。

一般法人法 (※社会福祉法で読替え準用)

（評議員の報酬等）
第196条　評議員の報酬等の額は、定款で定めなければならない

社会福祉法

（評議員会の運営）
第45条の９
7　前項の規定にかかわらず、次に掲げる評議員会の決議は、議決に加わることができる評議員の３分の２（これを上回る割合を定款で定めた場合にあっては、その割合）以上に当たる多数をもって行わなければならない。
　一　第45条の４第１項（役員の解任）の評議員会（監事を解任する場合に限る。）
　二　第45条の20第４項において準用する一般律第113条第１項（役員等の責任の一部免除）の評議員会
　三　第45条の36第１項（定款の変更）の評議員会
　四　第46条第１項第１号（社会福祉法人の評議員会決議による解散）の評議員会
　五　第52条（吸収合併消滅社会福祉法人の吸収合併契約の承認）、第54条の２第１項（吸収合併存続社会福祉法人の吸収合併契約の承認）及び第54条の８（新設合併消滅社会福祉法人の新設合併契約の承認）の評議員会
10　一般法人法第181条から第183条まで及び第192条の規定は評議員会の招集について、同法第194条の規定は評議員会の決議について、同法第195条の規定は評議員会への報告について、それぞれ準用する。

一般法人法 (※社会福祉法で読替え準用)

（評議員会の決議の省略）
第194条　理事が評議員会の目的である事項について提案をした場合において、当該提案につき評議員（当該事項について議決に加わることができるものに限る。）の全員が書面又は電磁的記録により同意の意思表示をしたときは、当該提案を可決する旨の評議員会の決議があったものとみなす。

4　第１項の規定により定時評議員会の目的である事項のすべてについての提案を可決する旨の評議員会の決議があったものとみなされた場合には、その時に当該定時評議員会が終結したものとみなす。

> **6 評議員会議事録には、議長及び議事録署名人2名が記名押印（又は署名）しているか。**

評議員会の議事は、書面又は電磁的記録により必要事項を記載し、署名人の署名又は記名押印の上、主たる事務所には10年間、従たる事務所には5年間備え置かなければならないとされています（法第45条の11、施行規則第2条の15）。

定款例

（議事録）
第14条　評議員会の議事については、法令で定めるところにより、議事録を作成する。
　2　出席した評議員及び理事は、前項の議事録に記名押印する。
（備考一）
記名押印ではなく署名とすることも可能。
（備考二）
第2項にかかわらず、議長及び会議に出席した評議員のうちから選出された議事録署名人2名がこれに署名し、又は記名押印することとしても差し支えないこと。

社会福祉法

（議事録）
第45条の11　評議員会の議事については、厚生労働省令で定めるところにより、議事録を作成しなければならない。
2　社会福祉法人は、評議員会の日から10年間、前項の議事録をその主たる事務所に備え置かなければならない。
3　社会福祉法人は、評議員会の日から5年間、第1項の議事録の写しをその従たる事務所に備え置かなければならない。ただし、当該議事録が電磁的記録をもって作成されている場合であって、従たる事務所における次項第2号に掲げる請求に応じることを可能とするための措置として厚生労働省令で定めるものをとっているときは、この限りでない。
4　評議員及び債権者は、社会福祉法人の業務時間内は、いつでも、次に掲げる請求をすることができる。
　一　第1項の議事録が書面をもって作成されているときは、当該書面又は当該書面の写しの閲覧又は謄写の請求
　二　第1項の議事録が電磁的記録をもって作成されているときは、当該電磁的記録に記録された事項を厚生労働省令で定める方法により表示したものの閲覧又は謄写の請求

社会福祉法施行規則

（評議員会の議事録）
第2条の15　法第45条の11第1項の規定による評議員会の議事録の作成については、この条の定めるところによる。
2　評議員会の議事録は、書面又は電磁的記録をもって作成しなければならない。
3　評議員会の議事録は、次に掲げる事項を内容とするものでなければならない。
　一　評議員会が開催された日時及び場所（当該場所に存しない評議員、理事、監事又は会計監査人が評議員会に出席した場合における当該出席の方法を含む。）
　二　評議員会の議事の経過の要領及びその結果
　三　決議を要する事項について特別の利害関係を有する評議員があるときは、当該評議員の氏名
　四　次に掲げる規定により評議員会において述べられた意見又は発言があるときは、その意見又は発言の内容の概要
　　イ　法第43条第3項において準用する一般法人法第74条第1項（法第43条第3項において準用する一般法人法第74条第4項において準用する場合を含む。）
　　ロ　法第43条第3項において準用する一般法人法第74条第2項（法第43条第3項において準用する一般法人法第74条第4項において準用する場合を含む。）
　　ハ　法第45条の18第3項において準用する一般法人法第102条
　　ニ　法第45条の18第3項において準用する一般法人法第105条第3項
　　ホ　法第45条の19第6項において準用する一般法人法第109条第1項
　　ヘ　法第45条の19第6項において準用する一般法人法第109条第2項
　五　評議員会に出席した評議員、理事、監事又は会計監査人の氏名又は名称
　六　評議員会の議長が存するときは、議長の氏名
　七　議事録の作成に係る職務を行った者の氏名
4　次の各号に掲げる場合には、評議員会の議事録は、当該各号に定める事項を内容とするものとする。
　一　法第45条の9第10項において準用する一般法人法第194条第1項の規定により評議員会の決議があったものとみなされた場合次に掲げる事項
　　イ　評議員会の決議があったものとみなされた事項の内容
　　ロ　イの事項の提案をした者の氏名
　　ハ　評議員会の決議があったものとみなされた日
　　ニ　議事録の作成に係る職務を行った者の氏名
　二　法第45条の9第10項において準用する一般法人法第195条の規定により評議員会への報告があったものとみなされた場合次に掲げる事項
　　イ　評議員会への報告があったものとみなされた事項の内容
　　ロ　評議員会への報告があったものとみなされた日
　　ハ　議事録の作成に係る職務を行った者の氏名

一般法人法（※社会福祉法で読替え準用）

（監事等の選任等についての意見の陳述）
第74条　監事は、評議員会において、監事の選任若しくは解任又は辞任について意見を述べることができる。
2　監事を辞任した者は、辞任後最初に招集される評議員会に出席して、辞任した旨及びその理由を述べることができる。
4　第1項の規定は会計監査人について、前2項の規定は会計監査人を辞任した者及び第71条第1項の規定により会計監査人を解任された者について、それぞれ準用する。この場合において、第1項中「評議員会において、監事の選任若しくは解任又は辞任について」とあるのは「会計監査人の選任、解任若しくは不再任又は辞任について、評議員会に出席して」と、第2項中「辞任後」とあるのは「解任後又は辞任後」と、「辞任した旨及びその理由」とあるのは「辞任した旨及びその理由又は解任についての意見」と読み替えるものとする。

一般法人法（※社会福祉法で読替え準用）

（評議員会に対する報告義務）
第102条　監事は、理事が評議員会に提出しようとする議案、書類その他厚生労働省令で定めるものを調査しなければならない。この場合において、法令若しくは定款に違反し、又は著しく不当な事項があると認めるときは、その調査の結果を評議員会に報告しなければならない。

社会福祉法施行規則

（監事の調査の対象）
第2条の20　法第45条の18第3項において準用する一般法人法第102条に規定する厚生労働省令で定めるものは、電磁的記録その他の資料とする。

一般法人法（※社会福祉法で読替え準用）

（監事の報酬等）
第105条　（略）
3　監事は、評議員会において、監事の報酬等について意見を述べることができる。

一般法人法（※社会福祉法で読替え準用）

（定時評議員会における会計監査人の意見の陳述）
第109条　第107条第1項に規定する書類が法令又は定款に適合するかどうかについて会計監査人が監事と意見を異にするときは、会計監査人（会計監査人が監査法人である場合にあっては、その職務を行うべき社員。次項において同じ。）は、定時評議員会に出席して意見を述べることができる。
2　定時評議員会において会計監査人の出席を求める決議があったときは、会計監査人は、定時評議員会に出席して意見を述べなければならない。

| 7 | 評議員に報酬を支払う場合、規定に基づいて適切に支給されているか。|

　評議員の報酬は、定款で定めることとされていますが（社会福祉法45条の8第4項、一般法人法196条）、定款においてはその限度額のみを定め、具体的には評議員会の承認による評議員報酬規程において各人別の支給額を決めることとなります。

　なお、報酬規程で定めるものは、委任契約に基づく報酬であって、費用弁償規程における交通費等ではないことに注意が必要です。

定款例

（評議員の報酬等）
第8条　評議員に対して、〈例：各年度の総額が○○○○○○円を超えない範囲で、評議員会において別に定める報酬等の支給の基準に従って算定した額を、報酬として〉支給することができる。
（備考一）
　無報酬の場合は、その旨を定めること。なお、費用弁償分については報酬等に含まれない。
（備考二）
　民間事業者の役員の報酬等及び従業員の給与、当該法人の経理の状況その他の事情を考慮して、不当に高額なものとならないよう、理事及び監事並びに評議員の勤務形態に応じた報酬等の区分及びその額の算定方法並びに支給の方法及び形態に関する事項を定めた報酬等の支給の基準を定め、公表しなければならない（法第45条の35、第59条の2第1項第2号）。

一般法人法（※社会福祉法で読替え準用）

（評議員の報酬等）
第196条　評議員の報酬等の額は、定款で定めなければならない。

b　理事

| 1 | 理事の選任（解任）手続きは評議員会において適正に行われているか。
（福祉経営に識見を有する者、地域の福祉事情に精通する者、施設管理者が選任されているか。）|

　理事の選任・解任は、評議員会の決議によることとされています（社会福祉法43条1項）。解任事由は、職務上の義務違反または職務懈怠、心身の故障のため職務上支障があるか職務に堪えられないときとされています（同法45条の4第1項）。

　社会福祉事業の経営に識見を有する者、事業の区域における福祉に関する実情に通じている者、当該施設の管理者が含まれる必要がありますが（同法44条4項）、当該法人の全ての施設の管理者を理事にする必要はないとされています（FAQ問35）。従って、上記3条件を兼ね備えていれば、全理事を施設管理者等とすることも可能と判断されます。

> **定款例**

(役員〈及び会計監査人〉の選任)
第16条　理事及び監事〈並びに会計監査人〉は、評議員会の決議によって選任する。
2　理事長及び業務執行理事は、理事会の決議によって理事の中から選定する。
　(備考)
　　会計監査人を置いていない場合、〈　〉内は不要。

> **社会福祉法**

(役員等の選任)
第43条　役員及び会計監査人は、評議員会の決議によって選任する。

2　理事長が欠けたときの対応を検討しているか。

　理事長が欠けた場合には、任期の満了又は辞任により退任したその理事長は、新たに選定された理事長（一時理事長の職務を行うべき者を含む。）が就任するまで、なお理事長としての権利義務を有します。また、従前のような理事長の「職務代理者」という制度はありません。

> **定款例**

(役員〈及び会計監査人〉の任期)
第19条
2　理事又は監事は、第15条に定める定数に足りなくなるときは、任期の満了又は辞任により退任した後も、新たに選任された者が就任するまで、なお理事又は監事としての権利義務を有する。
(招集)
第25条
2　理事長が欠けたとき又は理事長に事故があるときは、各理事が理事会を招集する。

「社会福祉法人制度改革の施行に向けた留意事項について」等に関するQ&A（平成28年11月11日改訂）

問39-5（答）
1．改正社会福祉法においては理事長以外の理事に対する代表権の行使は認められておらず、また、理事長は理事会において選定されることとなっているので、理事長以外の理事が職務を代理し、及び理事長が代理者を選定する旨の定款の定めは無効である。

社会福祉法

（役員等に欠員を生じた場合の措置）
第45条の6　この法律又は定款で定めた役員の員数が欠けた場合には、任期の満了又は辞任により退任した役員は、新たに選任された役員（次項の一時役員の職務を行うべき者を含む。）が就任するまで、なお役員としての権利義務を有する。
2　前項に規定する場合において、事務が遅滞することにより損害を生ずるおそれがあるときは、所轄庁は、利害関係人の請求により又は職権で、一時役員の職務を行うべき者を選任することができる。

社会福祉法

（理事長の職務及び権限等）
第45条の17
3　第45条の6第1項及び第2項並びに一般社団法人及び一般財団法人に関する法律第78条及び第82条の規定は理事長について、同法第80条の規定は民事保全法（平成元年法律第91号）第56条に規定する仮処分命令により選任された理事又は理事長の職務を代行する者について、それぞれ準用する。この場合において、第45条の6第1項中「この法律又は定款で定めた役員の員数が欠けた場合」とあるのは、「理事長が欠けた場合」と読み替えるものとする。

3　欠員が生じた場合速やかに補欠役員を選任しているか。

　定数や欠員の補充について、社会福祉法では一定数が欠けた場合には遅滞なく補充しなければならない旨を定めています。これは、社会福祉法人の公共的性格等を踏まえて、少数の者による専断的な運営を避けるためとされています。

　理事の任期は、原則として「選任後2年以内に終了する事業年度のうち最終のものに関する定時評議員会の終結の時まで」となっています。ただし、定款によって短縮することも可能です。例えば、定款によって、「選任後1年以内に終了する事業年度に関する定時評議員会の終結の時まで」とすることも可能です。

　会社法では、公開会社でない株式会社（委員会設置会社を除く）において、定款によって任期を伸長できることが規定されてますが（会社法332条2項）社会福祉法には任期の伸長規定は設けられていません。なお、任期制を採用した趣旨は、理事が定期的に評議員会によるチェックを受けることにより、法人運営の民主性を確保しようとするところにあります。

　理事の任期が「定時評議員会の終結の時まで」とされているのは、理事が評議員会において選任されることにかんがみ、次の選任の前に任期切れとなり、欠員状態が生じるのを防止するためです。

　理事は、就任の承諾をした時にその資格が生じますが、その任期は、就任の承諾がなされ

た時からではなく、評議員会で選任の決議がされた時から起算します。なお、任期の計算については民法の期間に関する規定（民法138条以下）が適用されるので、1日の中途において就任した者の任期は、その就任の日の翌日から起算することになります（民法140条）。

　理事の選任の効果が発生するためには、評議員会での選任決議のほかに、被選任者の就任の承諾が必要です。選任決議は、単なる法人内部の意思決定又は被選任者に対する就任（任用）契約の申込みに過ぎず、理事の選任は選任決議に基づく任用契約あるいは就任承諾書の提出によって、はじめて被選任者は理事の地位に就くとするのが通説です。ただし、実際には選任決議の前に理事候補者が就任を承諾し、決議を条件とする就任承諾書の提出が一般的です。

　理事の就任承諾の意思表示は要式行為ではないので、口頭による承諾でも法的には有効ですが、理事就任に関する証拠書類として、また理事の変更登記を申請する際の添付書類として必要となるので、就任承諾書は作成しておく必要があります。

定款例

（役員〈及び会計監査人〉の任期）
第19条　理事又は監事の任期は、選任後2年以内に終了する会計年度のうち最終のものに関する　定時評議員会の終結の時までとし、再任を妨げない。
2　理事又は監事は、第15条に定める定数に足りなくなるときは、任期の満了又は辞任により退任した後も、新たに選任された者が就任するまで、なお理事又は監事としての権利義務を有する。
（備考一）
　会計監査人を置いていない場合、〈　〉内は不要。
（備考二）
　理事の任期は、定款によって短縮することもできる（法第45条）。
　法第45条に基づき、補欠理事又は監事の任期を退任した理事又は監事の任期満了時までとする場合には、第1項の次に次の一項を加えること。
2　補欠として選任された理事又は監事の任期は、前任者の任期の満了する時までとすることができる。

社会福祉法

（役員等の選任）
第43条
2　前項の決議をする場合には、厚生労働省令で定めるところにより、この法律又は定款で定めた役員の員数を欠くこととなるときに備えて補欠の役員を選任することができる。

社会福祉法施行規則

（補欠の役員の選任）
第2条の9　法第43条第2項の規定による補欠の役員の選任については、この条の定めるところによる。
2　法第43条第2項の規定により補欠の役員を選任する場合には、次に掲げる事項も併せて決定しなければならない。
　一　当該候補者が補欠の役員である旨
　二　当該候補者を1人又は2人以上の特定の役員の補欠の役員として選任するときは、その旨及び当該特定の役員の氏名
　三　同一の役員（2人以上の役員の補欠として選任した場合にあっては、当該2人以上の役員）につき2人以上の補欠の役員を選任するときは、当該補欠の役員相互間の優先順位
　四　補欠の役員について、就任前にその選任の取消しを行う場合があるときは、その旨及び取消しを行うための手続
3　補欠の役員の選任に係る決議が効力を有する期間は、定款に別段の定めがある場合を除き、当該決議後最初に開催する定時評議員会の開始の時までとする。ただし、評議員会の決議によってその期間を短縮することを妨げない。

社会福祉法

（役員の欠員補充）
第45条の7　理事のうち、定款で定めた理事の員数の3分の1を超える者が欠けたときは、遅滞なくこれを補充しなければならない。
2　前項の規定は、監事について準用する。

4　理事長・業務施行理事は理事会において選任されているか。

　理事長及び業務執行理事は、理事会において選任することとされています。評議員会決議に基づき、適正な立場の理事となった者の中から、法人を代表する理事長を選任します。同時に、理事長を補佐する理事として業務執行理事を選任します。この理事会は、理事の中から選任されるため、評議員会で理事に選任され、理事としての任期の開始後の理事会で選任される必要があります。

> **定款例**

（役員の定数）
第15条　この法人には、次の役員を置く。
　（1）　理事　○○名以上○○名以内
　（2）　監事　○○名以内
2　理事のうち一名を理事長とする。
3　理事長以外の理事のうち、○名を業務執行理事とする。
〈4　この法人に会計監査人を置く。〉

（備考）
（1）理事は6名以上、監事は2名以上とすること。
（2）理事及び監事の定数は確定数とすることも可能。
（3）業務執行理事については、「理事長以外の理事のうち、○名を業務執行理事とすることができる。」と定めることも可能。
（4）会計監査人を置いていない場合、〈　〉内は不要。
（5）社会福祉法の名称とは異なる通称名や略称を定款に使用する場合（例えば、理事長を「会長」と表記するような場合）には、「法律上の名称」と定款で使用する名称がどのような関係にあるのかを、定款上、明確にする必要があること。
　〈例〉理事長、業務執行理事の役職名を、会長、常務理事とする場合の例
2　理事のうち1名を、会長、○名を常務理事とする。
3　前項の会長をもって社会福祉法の理事長とし、常務理事をもって同法第45条の16第2項第2号の業務執行理事とする。

（権限）
第24条　理事会は、次の職務を行う。ただし、日常の業務として理事会が定めるものについては理事長が専決し、これを理事会に報告する。
　（1）　この法人の業務執行の決定
　（2）　理事の職務の執行の監督
　（3）　理事長及び業務執行理事の選定及び解職

5　欠格事由等に該当する者が選任されていないか。
（親族等特殊利害関係者が制限数内であることを確認したか。）

　役員については、法人の財産を管理するという重要な職責を負い、利害関係者に多大な損害を及ぼさないよう適切に職務を行なう必要があるため、一定の欠格事由（成年被後見人等、社会福祉法等の規定に違反し刑に処せられた者等、解散命令を受けた社会福祉法人の解散当時の役員）、関係行政庁の職員、名目的役員、特定の公職にある者に該当する場合には役員になれないものとしています。

　また、親族等特殊の関係にある理事数の制限に抵触していないことも確認してください。特に、租税特別措置法第40条の規定に対応した法人の定款については、特殊関係者の制限はさらに厳格な制限が設けられ、親族の範囲は6親等内の血族または3親等内の姻族となります。

社会福祉法

（役員の資格等）
第44条　第40条第１項の規定は、役員について準用する。
2　監事は、理事又は当該社会福祉法人の職員を兼ねることができない。
6　理事のうちには、各理事について、その配偶者若しくは３親等以内の親族その他各理事と厚生労働省令で定める特殊の関係がある者が３人を超えて含まれ、又は当該理事並びにその配偶者及び３親等以内の親族その他各理事と厚生労働省令で定める特殊の関係がある者が理事の総数の３分の１を超えて含まれることになってはならない。
7　監事のうちには、各役員について、その配偶者又は３親等以内の親族その他各役員と厚生労働省令で定める特殊の関係がある者が含まれることになってはならない。

社会福祉法

（評議員の資格等）
第40条　次に掲げる者は、評議員となることができない。
　一　法人
　二　成年被後見人又は被保佐人
　三　生活保護法、児童福祉法、老人福祉法、身体障害者福祉法又はこの法律の規定に違反して刑に処せられ、その執行を終わり、又は執行を受けることがなくなるまでの者
　四　前号に該当する者を除くほか、禁錮以上の刑に処せられ、その執行を終わり、又は執行を受けることがなくなるまでの者
　五　第56条第８項の規定による所轄庁の解散命令により解散を命ぜられた社会福祉法人の解散当時の役員

社会福祉法施行規則

（理事のうちの各理事と特殊の関係がある者）
第２条の10　法第44条第６項に規定する各理事と厚生労働省令で定める特殊の関係がある者は、次に掲げる者とする。
　一　当該理事と婚姻の届出をしていないが事実上婚姻関係と同様の事情にある者
　二　当該理事の使用人
　三　当該理事から受ける金銭その他の財産によって生計を維持している者
　四　前二号に掲げる者の配偶者
　五　第一号から第三号までに掲げる者の３親等以内の親族であって、これらの者と生計を一にするもの
　六　当該理事が役員（法人でない団体で代表者又は管理人の定めのあるものにあっては、その代表者又は管理人。以下この号において同じ。）若しくは業務を執行する社員である他の同一の団体（社会福祉法人を除く。）の役員、業務を執行する社員又は職員（当該他の同一の団体の役員、業務を執行する社員又は職員である当該社会福祉法人の理事の総数の当該社会福祉法人の理事の総数のうちに占める割合が、３分の１を超える場合に限る。）
　七　次に掲げる団体の職員のうち国会議員又は地方公共団体の議会の議員でない者（当該団体の職員（国会議員及び地方公共団体の議会の議員である者を除く。）である当該社会福祉法人の理事の総数の当該社会福祉法人の理事の総数のうちに占める割合が、３分の１を超える場合に限る。）

イ　国の機関
　　ロ　地方公共団体
　　ハ　独立行政法人通則法（平成11年法律第103号）第2条第1項に規定する独立行政法人
　　ニ　国立大学法人法（平成15年法律第112号）第2条第1項に規定する国立大学法人又は同条第3項に規定する大学共同利用機関法人
　　ホ　地方独立行政法人法（平成15年法律第118号）第2条第1項に規定する地方独立行政法人
　　ヘ　特殊法人（特別の法律により特別の設立行為をもつて設立された法人であって、総務省設置法（平成11年法律第91号）第4条第1項第9号の規定の適用を受けるものをいう。）又は認可法人（特別の法律により設立され、かつ、その設立に関し行政官庁の認可を要する法人をいう。）

6　理事報酬は、勤務実態に即して、役員報酬規程等に基づいた適正額を支給しているか。

　社会福祉法は、「報酬、賞与その他の職務遂行の対価として受ける財産上の利益及び退職手当」を報酬等として包括的に定義しています。報酬等は、その名目や支給形態、あるいは金銭以外の現物報酬であるか否かを問いません。また、その法人の役員等としての職務執行の対価に限られ、職員として受ける財産上の利益は含まれません。さらに、実費支給の交通費等も含まれず、職員等と並んで等しく受ける通常の福利厚生も含まれていないとされています。なお、理事で、職員を兼務する場合には、理事としての報酬等とは別に職員としての給与を受け取ることになります。

　役員の報酬等は評議員会の決議で定めることになっていますが、これは本来、役員の報酬等は業務執行機関である理事会で決定する事項であるけれども、理事会で自分たちの報酬等を決定すると不当に高額なもの（いわゆるお手盛り）になってしまい、法人の財産がむやみに流出するおそれがあることから、評議員会の決議で定めることとされています。

定款例

（役員〈及び会計監査人〉の報酬等）
第21条　理事及び監事に対して、〈例：評議員会において別に定める総額の範囲内で、評議員会において別に定める報酬等の支給の基準に従って算定した額を〉報酬等として支給することができる。
〈2　会計監査人に対する報酬等は、監事の過半数の同意を得て、理事会において定める。〉
　（備考一）
　　会計監査人を置いていない場合、〈　〉内は不要。
　（備考二）
　　第1項のとおり、理事及び監事の報酬等の額について定款に定めないときは、評議員会の決議によって定める必要がある。
　（備考三）
　　費用弁償分については報酬等に含まれない。

社会福祉法

（報酬等）
第45条の35　社会福祉法人は、理事、監事及び評議員に対する報酬等について、厚生労働省令で定めるところにより、民間事業者の役員の報酬等及び従業員の給与、当該社会福祉法人の経理の状況その他の事情を考慮して、不当に高額なものとならないような支給の基準を定めなければならない。
2　前項の報酬等の支給の基準は、評議員会の承認を受けなければならない。これを変更しようとするときも、同様とする。
3　社会福祉法人は、前項の承認を受けた報酬等の支給の基準に従って、その理事、監事及び評議員に対する報酬等を支給しなければならない。

社会福祉法施行規則

（報酬等の支給の基準に定める事項）
第2条の42　法第45条の35第1項に規定する理事、監事及び評議員（以下この条において「理事等」という。）に対する報酬等（法第45条の34第1項第3号に規定する報酬等をいう。以下この条において同じ。）の支給の基準においては、理事等の勤務形態に応じた報酬等の区分及びその額の算定方法並びに支給の方法及び形態に関する事項を定めるものとする。

社会福祉法

（財産目録の備置き及び閲覧等）
第45条の34　（略）
三　報酬等（報酬、賞与その他の職務遂行の対価として受ける財産上の利益及び退職手当をいう。次条及び第59条の2第1項第2号において同じ。）の支給の基準を記載した書類

7　理事責任を定款規定により減免する場合、正当注意義務違反に該当しないことを確認したか。

　理事の責任を減免する場合、本来の負うべき義務を果たしていることが前提です。理事会への出席、日常の業務運営状況の確認等、義務を全く果たしていない理事は、当然負うべき責任が減免されることはありません。これを正当注意義務（あるいは善管注意義務）といいます。正当注意義務を果たした結果、発生した法人の損害まで、理事に責任を負わせることは、社会通念上、負担が重すぎるため、責任減免規定をおくことができるのです。なお、免除することができる額を限度とし、理事会で決議することになります。

　法人とその理事（役員）との関係は、委任に関する規定に従うものとされています。法人との関係において受任者である理事は民法の規定（民法644条）により、委任の本旨に従い、善良なる管理者の注意をもって事務を処理する義務を負っています。さらに、法令及び定款

を遵守し、法人のため忠実にその職務を行う義務を負うものとされています。前者を「善管注意義務」、後者を「忠実義務」といいます。理事が、これらの義務に違反して、すなわちその任務を怠ったこと（任務懈怠）によって法人に損害を与えたときは、債務不履行責任（過失責任）によって、損害を賠償する責任を負うことになります。つまり、その任務を怠るということは、その職務上要求される注意義務に違反することであって、職務執行が法令及び定款に違反する行為をしたことを意味するのです。

⑴　善管注意義務

　理事の「善管注意義務」とは、理事として社会通念上要求される注意をもって、その職務を行うことであって、その注意義務の内容については、当事者間の知識・才能・手腕の格差、委託者の受託者に対する信頼の程度などに応じて判断されます。

　理事が必要な注意を払わなかったために法人に損害を与えた場合には、善管注意義務違反（過失）があったとして、法人に対し損害を賠償しなければなりません。たとえ無報酬の理事であっても注意義務の有無を判断する基準は、他人の財産を管理する者として要求される「善良な管理者としての注意義務」であるとされています。

⑵　忠実義務

　理事の忠実義務は、理事の善管注意義務を敷行し、かつ一層明確にしたものであって、通常の善管注意義務とは別個の高度な義務ではないとされています。

※75P "記載例"（再掲）

（問8）第45条の20第4項で準用する一般法人法第114条第1項で規定する理事、監事又は会計監査人の責任の免除規定について、どのように定めればよいか。
（答）
1．以下の例を参考に定めること。
（責任の免除）
第〇条　理事、監事又は会計監査人が任務を怠ったことによって生じた損害について社会福祉法人に対し賠償する責任は、職務を行うにつき善意でかつ重大な過失がなく、その原因や職務執行状況などの事情を勘案して特に必要と認める場合には、社会福祉法第45条の20第4項において準用する一般社団法人及び一般財団法人に関する法律第113条第1項の規定により免除することができる額を限度として理事会の決議によって免除することができる。

（問9）第45条の20第4項で準用する一般法人法第115条で規定する責任限定契約は定款においてどのように定めれば良いか。
（答）
1．以下の例を参考に定めること。
（責任限定契約）
第〇条　理事（理事長、業務執行理事、業務を執行したその他の理事又は当該社会福祉法人の職員でないものに限る。）、監事又は会計監査人（以下この条において「非業務執行理事等」という。）が任務を怠ったことによって生じた損害について社会福祉法人に対し賠償する責任は、当該非業務執行理事等が職務を行うにつき善意でかつ重大な過失がないときは、金〇〇万円以上であらかじめ定めた額と社会福祉法第45条の20第4項において準用する一般社団法人及び一般財団法人に関する法律第113条第1項第2号で定める額とのいずれか高い額を限度とする旨の契約を非業務執行理事等と締結することができる。
2．なお、「あらかじめ定めた額」は、責任限定契約書において定めることなどが考えられる。

---

c　監　事

| 1　監事の選任（解任）手続きは、評議員会において適正に行われているか。|

　監事の選任又は解任手続は、理事と同様に評議員会の決議事項となっています。有効な手続に基づいて開催された評議員会で決議することが必要です。なお、解任は、評議員会の特別決議が必要となります。詳細は、理事の選任・解任手続（ⅲ機関・b理事・1）を参照して下さい。
　なお、監事の役割の重要性から、必ず就任承諾書を入手して下さい。責任と権限の開始時期を明確にする必要があります。

| 2　監事の要件（福祉の識見、財務の識見、親族等特殊利害関係）を確認しているか。|

　監事は、第三者の立場から客観的に業務執行を検討することが求められます。そのため、

監事は理事、評議員のいずれも兼務することはできず、親族関係等があっても要件を満たすことができません。

　また、要件として「社会福祉事業について識見を有する者」及び「財務管理について識見を有する者」が含まれている必要があります。独立の立場から計算書類等の監査を行うため、財務的能力が求められ、公認会計士や税理士の資格を有する者であることが望ましいとされています（FAQ問37）。なお、社会福祉法人、公益法人や民間企業等において財務・経理を担当した経験を有する者など法人経営に専門的知見を有する者等も含まれます。有資格者に監事を依頼する場合、専門家としての報酬を支払うべきか否か、他の監事とのバランス等があり、実務的には課題があります。地元の中小企業経営者で財務を担当した経験のある方々も有力な候補者に該当すると考えられます。

　法人から委託を受けて記帳代行業務や税理士業務を行う場合（請負契約）には、計算書類等を作成する立場にある者が当該計算書類等を監査するという自己点検に当たるため、当該顧問税理士等を監事に選任することできません。法律面や経営面のアドバイスのみを行う契約（委任契約）場合については、当該税理士等を監事に選任することはできます（「社会福祉法人制度改革の施行に向けた留意事項について」等に関するQ&A（平成28年11月11日改訂）問38（答）2.）。

3　監事は理事会に出席し、理事の業務執行状況を確認しているか。

　監事の職務執行としては、理事会への出席に加え、行政による指導監査の立会、外部監査の立会並びに外部監査人からの報告受諾、入札等手続きの立会があります。監事としての職責を果たすためには、日常の法人運営状況の確認や財務書類の点検により検討することができますが、法人の業務執行状況を確認するため理事会への出席が最も重要です。理事会において、重要な業務執行を協議し実行することとなるため、理事会に出席するか、議事録を査閲して法人の業務執行状況を検討して下さい。理事会に出席することで、監事の責務の大半を果たすことにつながると考えられます。

定款例

（監事の職務及び権限）
　第18条　監事は、理事の職務の執行を監査し、法令で定めるところにより、監査報告を作成する。

社会福祉法

第45条の18　監事は、理事の職務の執行を監査する。この場合において、監事は、厚生労働省令で定めるところにより、監査報告を作成しなければならない。

社会福祉法施行規則

(監査報告の作成)
第2条の19　法第45条の18第1項の規定による監査報告の作成については、この条の定めるところによる。
2　監事は、その職務を適切に遂行するため、次に掲げる者との意思疎通を図り、情報の収集及び監査の環境の整備に努めなければならない。この場合において、理事又は理事会は、監事の職務の執行のための必要な体制の整備に留意しなければならない。
　一　当該社会福祉法人の理事及び職員
　二　その他監事が適切に職務を遂行するに当たり意思疎通を図るべき者
3　前項の規定は、監事が公正不偏の態度及び独立の立場を保持することができなくなるおそれのある関係の創設及び維持を認めるものと解してはならない。
4　監事は、その職務の遂行に当たり、必要に応じ、当該社会福祉法人の他の監事との意思疎通及び情報の交換を図るよう努めなければならない。

一般法人法（※社会福祉法で読替え準用）

(理事会への出席義務等)
第101条　監事は、理事会に出席し、必要があると認めるときは、意見を述べなければならない。

4　監事報酬は、勤務実態に即して、役員報酬規程等に基づいた適正額を支給しているか。

　役員報酬については、民間事業者の役員の報酬等及び従業員の給与や社会福祉法人の経理状況等に照らし、不当に高額な場合には、法人の公益性・非営利性の観点から適当ではないとされています。このため、理事等に対する報酬等が不当に高額なものとならないよう支給の基準を定めることとされています（社会福祉法45条の35第1項）。監事報酬については、非常勤理事や評議員と異なり、財務の専門家が監事となる例が多く、その支給額については注意が必要です。税理士等の専門家であっても、報酬としては無報酬の事例が一般的です。その専門的能力の発揮、及び専門家責任の問題等から適正額の支給を検討するべきと考えられます。

　なお、費用弁償に該当するものは、報酬には含まれません。

5　監事責任を定款規定により減免する場合、正当注意義務違反に該当しないことを確認しているか。

　監事においても、理事と同様、その責任を減免する規定を設けることができます（ⅲ機関・b理事　6参照）。責任を減免する条件としての「正当注意義務」違反がないことについて、理事と監事では、内容に差があります。税理士等の専門家としての「正当注意義務」は、通常

の税理士業務等における正当注意義務であって、一般人の注意義務に比べ、相当程度に高度なものと考えられます。従って、決算書の重大な誤りについて、充分な検証手続を行わないままに監査報告書を作成提出した場合、責任減免の対象とならないこととなります。

> 6 監事は、評議員会の議案等を調査しているか。
> （必要な場合、報告するか、評議員会で説明をしているか。）

評議員会の議案は理事が提出することとなっていますが、事前に監事の調査が必要とされています。

従って、有効な評議員会を開催するためには、評議員会の議案について、監事による検討が完了していることが必要となります。

社会福祉法

第45条の18（略）
2 監事は、いつでも、理事及び職員に対して事業の報告を求め、この法人の業務及び財産の状況の調査をすることができる。

一般法人法（※社会福祉法で読替え準用）

（評議員会に対する報告義務）
第102条 監事は、理事が評議員会に提出しようとする議案、書類その他厚生労働省令で定めるものを調査しなければならない。この場合において、法令若しくは定款に違反し、又は著しく不当な事項があると認めるときは、その調査の結果を評議員会に報告しなければならない。

社会福祉法施行規則

（監事の調査の対象）
第2条の20 法第45条の18第3項において準用する一般法人法第102条に規定する厚生労働省令で定めるものは、電磁的記録その他の資料とする。

社会福祉法

（理事等の説明義務）
第45条の10 理事及び監事は、評議員会において、評議員から特定の事項について説明を求められた場合には、当該事項について必要な説明をしなければならない。ただし、当該事項が評議員会の目的である事項に関しないものである場合その他正当な理由がある場合として厚生労働省令で定める場合は、この限りでない。

社会福祉法施行規則

(理事等の説明義務)
第2条の14 法第45条の10に規定する厚生労働省令で定める場合は、次に掲げる場合とする。
一 評議員が説明を求めた事項について説明をするために調査をすることが必要である場合(次に掲げる場合を除く。)
　　イ 当該評議員が評議員会の日より相当の期間前に当該事項を社会福祉法人に対して通知した場合
　　ロ 当該事項について説明をするために必要な調査が著しく容易である場合
二 評議員が説明を求めた事項について説明をすることにより社会福祉法人その他の者(当該評議員を除く。)の権利を侵害することとなる場合
三 評議員が当該評議員会において実質的に同一の事項について繰り返して説明を求める場合
四 前3号に掲げる場合のほか、評議員が説明を求めた事項について説明をしないことにつき正当な理由がある場合

d 理事会

1 理事会は適正な手続(招集、事項、時期)に従って、開催されているか。

　理事会は業務執行機関となり、通常の法人運営を責任をもって実施していくことになりました。理事会は会議体であることから、日常業務は理事長にその執行を委任するため、その結果を随時検証し、適正な法人運営が行われていることを確認する必要があります。そのため、適正な手続に基づいて、理事会を開催し、重要な事項について決定していくこととなります。最重要な意思決定は評議員会事項となっているため、改正前とは役割が大きく異なっていることに注意して下さい。

定款例

(招集)
第25条 理事会は、理事長が招集する。
2 理事長が欠けたとき又は理事長に事故があるときは、各理事が理事会を招集する。
(決議)
第26条 理事会の決議は、決議について特別の利害関係を有する理事を除く理事の過半数が出席し、その過半数をもって行う。
2 前項の規定にかかわらず、理事(当該事項について議決に加わることができるものに限る。)の全員が書面又は電磁的記録により同意の意思表示をしたとき(監事が当該提案について異議を述べたときを除く。)は、理事会の決議があったものとみなす。
(備考)
　　第1項については、法第45条の14第4項に基づき、過半数に代えて、これを上回る割合を定款で定めることも可能である。

（議事録）
第27条　理事会の議事については、法令で定めるところにより、議事録を作成する。
2　出席した理事及び監事は、前項の議事録に記名押印する。
（備考１）
記名押印ではなく署名とすることも可能。
（備考２）
定款で、署名し、又は記名押印する者を、当該理事会に出席した理事長及び監事とすることもできる（法第45条の14第６項）。

社会福祉法

第45条の14　理事会は、各理事が招集する。ただし、理事会を招集する理事を定款又は理事会で定めたときは、その理事が招集する。
2　前項ただし書に規定する場合には、同項ただし書の規定により定められた理事（以下この項において「招集権者」という。）以外の理事は、招集権者に対し、理事会の目的である事項を示して、理事会の招集を請求することができる。
3　前項の規定による請求があった日から５日以内に、その請求があつた日から２週間以内の日を理事会の日とする理事会の招集の通知が発せられない場合には、その請求をした理事は、理事会を招集することができる。
4　理事会の決議は、議決に加わることができる理事の過半数（これを上回る割合を定款で定めた場合にあっては、その割合以上）が出席し、その過半数（これを上回る割合を定款で定めた場合にあっては、その割合以上）をもって行う。
5　前項の決議について特別の利害関係を有する理事は、議決に加わることができない。
6　理事会の議事については、厚生労働省令で定めるところにより、議事録を作成し、議事録が書面をもって作成されているときは、出席した理事（定款で議事録に署名し、又は記名押印しなければならない者を当該理事会に出席した理事長とする旨の定めがある場合にあっては、当該理事長）及び監事は、これに署名し、又は記名押印しなければならない。
7　前項の議事録が電磁的記録をもって作成されている場合における当該電磁的記録に記録された事項については、厚生労働省令で定める署名又は記名押印に代わる措置をとらなければならない。
8　理事会の決議に参加した理事であって第６項の議事録に異議をとどめないものは、その決議に賛成したものと推定する。

一般法人法（※社会福祉法で読替え準用）

（招集手続）
第94条　理事会を招集する者は、理事会の日の１週間（これを下回る期間を定款で定めた場合にあっては、その期間）前までに、各理事及び各監事に対してその通知を発しなければならない。
2　前項の規定にかかわらず、理事会は、理事及び監事の全員の同意があるときは、招集の手続を経ることなく開催することができる。

> 2　定款（定款施行細則）に定められている事項を審議し、また、議決要件を満たしているか。

　定款又はその施行細則において、理事会決議事項が定められています。理事長に一任せず、理事会で決議すべき事項について、もれなく審議されていることを確認して下さい。その際、議案ごとに議決要件が欠けていないか確認が必要です。

　なお、理事会の要議決事項は以下のとおりです。

① 評議員会の日時及び場所並びに議題・議案の決定（法第45条の9第10項で準用する一般法人法第181条）
② 理事長及び業務執行理事の選定及び解職（理事長：法第45条の13第2項第3号、業務執行理事：法第45条の16第2項第2号）
③ 重要な財産の処分及び譲受け（法第45条の13第4項第1号）
④ 多額の借財（法第45条の13第4項第2号）
⑤ 重要な役割を担う職員の選任及び解任（法第45条の13第4項第3号）
⑥ 従たる事務所その他の重要な組織の設置、変更及び廃止（法第45条の13第4項第4号）
⑦ コンプライアンス（法令遵守等）の体制の整備（法第45条の13第4項第5号）※一定規模を超える法人のみ
⑧ 競業及び利益相反取引（法第45条の16第4項において準用する一般法人法第第84条第1項）
⑨ 計算書類及び事業報告等の承認（法第45条の28第3項）
⑩ 理事会による役員、会計監査人の責任の一部免除（法第45条の20第4項において準用する一般法人法第114条第1項）
⑪ その他の重要な業務執行の決定

定款例

（事業計画及び収支予算）
第31条　この法人の事業計画書及び収支予算書については、毎会計年度開始の日の前日までに、理事長が作成し、〈例1：理事会の承認、例2：理事会の決議を経て、評議員会の承認〉を受けなければならない。これを変更する場合も、同様とする。

（事業報告及び決算）
第32条　この法人の事業報告及び決算については、毎会計年度終了後、理事長が次の書類を作成し、監事の監査を受けた上で、理事会の承認を受けなければならない。
　（1）　事業報告
　（2）　事業報告の附属明細書
　（3）　貸借対照表
　（4）　収支計算書（資金収支計算書及び事業活動計算書）

(5) 貸借対照表及び収支計算書（資金収支計算書及び事業活動計算書）の附属明細書
(6) 財産目録
2 前項の承認を受けた書類のうち、第1号、第3号、第4号及び第6号の書類については、定時評議員会に提出し、第1号の書類についてはその内容を報告し、その他の書類については、承認を受けなければならない。

3　欠席が継続している理事はいないか。

理事は、理事会の構成員として、法人の業務上の意思決定に参画し、理事長等の業務執行を監視する役割を担っています。個々の理事には、善管注意義務や忠実義務などが課せられていて義務違反等の場合には損害賠償責任を負うことがあります。従って、理事会を継続的に欠席している場合、賠償責任の問題が発生する可能性があります。

定款例

(理事の職務及び権限)
第17条　理事は、理事会を構成し、法令及びこの定款で定めるところにより、職務を執行する。
(構成)
第23条　理事会は、全ての理事をもって構成する。
(決議)
第26条　理事会の決議は、決議について特別の利害関係を有する理事を除く理事の過半数が出席し、その過半数をもって行う。
　(備考)
　　第一項については、法第45条の14第4項に基づき、過半数に代えて、これを上回る割合を定款で定めることも可能である。
(役員〈及び会計監査人〉の解任)
第20条　理事又は監事が、次のいずれかに該当するときは、評議員会の決議によって解任することができる。
　(1) 職務上の義務に違反し、又は職務を怠ったとき。
　(2) 心身の故障のため、職務の執行に支障があり、又はこれに堪えないとき。
　(備考)
　　会計監査人を置いていない場合、〈　〉内は不要。

社会福祉法

(理事会の運営)
第45条の14　(略)
4　理事会の決議は、議決に加わることができる理事の過半数（これを上回る割合を定款で定めた場合にあっては、その割合以上）が出席し、その過半数（これを上回る割合を定款で定めた場合にあっては、その割合以上）をもって行う。
5　前項の決議について特別の利害関係を有する理事は、議決に加わることができない。

> **社会福祉法抜粋**

(役員等又は評議員の社会福祉法人に対する損害賠償責任)
第45条の20　理事、監事若しくは会計監査人(以下この款において「役員等」という。)又は評議員は、その任務を怠つたときは、社会福祉法人に対し、これによって生じた損害を賠償する責任を負う。
(注)　役員等が法人に対する任務を怠ったときとは典型的にはいわゆる「善管注意義務違反」の場合をいいます。

4　事業計画・予算は毎会計年度開始前に理事会で審議しているか。
　(租税特別措置法40条の規定を適用する法人を除く。)

　社会福祉法改正により、事業計画と予算は理事会で決議することとなりました。事業年度開始前の理事会において、事業計画及び予算の承認を得て下さい。なお、租税特別措置法40条の適用により税の優遇を受けている法人は、事業計画及び予算にいついて評議員会の承認が必要とされているため、事業年度開始前に評議員会も開催することとなります。評議員会開催前に理事会で議案承認が必要なことから、事業年度前の理事会開催時期を事前に検討する必要があります。

> **定款例**

(事業計画及び収支予算)
第31条　この法人の事業計画書及び収支予算書については、毎会計年度開始の日の前日までに、理事長が作成し、〈例１：理事会の承認、例２：理事会の決議を経て、評議員会の承認〉を受けなければならない。これを変更する場合も、同様とする。

5　事業報告・決算は理事会で審議の上、定時評議員会に上程しているか。

　社会福祉法改正により、事業報告は理事会で承認のうえ評議員会へ報告、決算については理事会承認後評議員会で承認が必要となりました。理事会と評議員会の役割・位置づけが変わったことによるものですが、決算後の理事会及び定時評議員会の開催時期を誤ると、決議が無効となる可能性があるため、注意して下さい。

定款例

(事業報告及び決算)
第32条　この法人の事業報告及び決算については、毎会計年度終了後、理事長が次の書類を作成し、監事の監査を受けた上で、理事会の承認を受けなければならない。
　　(1)　事業報告
　　(2)　事業報告の附属明細書
　　(3)　貸借対照表
　　(4)　収支計算書(資金収支計算書及び事業活動計算書)
　　(5)　貸借対照表及び収支計算書(資金収支計算書及び事業活動計算書)の附属明細書
　　(6)　財産目録
2　前項の承認を受けた書類のうち、第1号、第3号、第4号及び第6号の書類については、定時評議員会に提出し、第1号の書類についてはその内容を報告し、その他の書類については、承認を受けなければならない。

社会福祉法

(計算書類等の作成及び保存)
第45条の27　(略)
2　社会福祉法人は、毎会計年度終了後3月以内に、厚生労働省令で定めるところにより、各会計年度に係る計算書類(貸借対照表及び収支計算書をいう。以下この款において同じ。)及び事業報告並びにこれらの附属明細書を作成しなければならない。

社会福祉法

(計算書類等の監査等)
第45条の28　前条第2項の計算書類及び事業報告並びにこれらの附属明細書は、厚生労働省令で定めるところにより、監事の監査を受けなければならない。
3　第1項又は前項の監査を受けた計算書類及び事業報告並びにこれらの附属明細書は、理事会の承認を受けなければならない。

社会福祉法

(計算書類等の定時評議員会への提出等)
第45条の30　理事は、第45条の28第3項の承認を受けた計算書類及び事業報告を定時評議員会に提出し、又は提供しなければならない。
2　前項の規定により提出され、又は提供された計算書類は、定時評議員会の承認を受けなければならない。
3　理事は、第1項の規定により提出され、又は提供された事業報告の内容を定時評議員会に報告しなければならない。

> 6 理事会の議決権を他の理事に委任していないか。
> ・理事会に欠席した理事について、書面による表決を行っていませんか。
> ・書面又は電磁的記録による決議は、全員の意思表示により行われているか。

　理事はその個人的な能力や手腕に着目して運営を任された者であり、理事会は、このような理事が参加して相互に十分な討議を行うことによって意思決定を行う場であるため、自ら理事会に出席し議決権を行使することが求められます。

　ゆえに代理人が出席して議決権を行使することは認められません。また、理事会に参加していない理事が、その協議内容も知らずに書面等による議決権の行使することや持ち回り決議も認められていません。その法的な根拠としては、理事会の決議については、定款に議決権の代理行使等ができる旨の定めがされていないからです。すなわち、理事会の決議方法としては、以下のいずれの定めも定款に記載することは認められていません。

① 理事会において代理人出席による議決権行使を許容する定め
② 理事会に出席することなく書面等によって理事会の議決権行使を許容する定め
③ 理事が議案の賛否について個々の理事の賛否を個別に確認し、過半数の理事の賛成を得て決議するような、いわゆる持ち回り決議を許容する定め

　なお、理事の全員が書面又は電磁的方法（メール等）によって賛成の意思表示をしたときは、討議を行う必要に乏しいので、定款に定めるところにより「理事会の決議の省略」を行うことができます。

定款例

> （決議）
> 第26条　理事会の決議は、決議について特別の利害関係を有する理事を除く理事の過半数が出席し、その過半数をもって行う。
> 2　前項の規定にかかわらず、理事（当該事項について議決に加わることができるものに限る。）の全員が書面又は電磁的記録により同意の意思表示をしたとき（監事が当該提案について異議を述べたときを除く。）は、理事会の決議があったものとみなす。
> （備考）
> 　第一項については、法第45条の14第4項に基づき、過半数に代えて、これを上回る割合を定款で定めることも可能である。

社会福祉法

（理事会の運営）
第45条の14（略）
4　理事会の決議は、議決に加わることができる理事の過半数（これを上回る割合を定款で定めた場合にあっては、その割合以上）が出席し、その過半数（これを上回る割合を定款で定めた場合にあっては、その割合以上）をもって行う。
5　前項の決議について特別の利害関係を有する理事は、議決に加わることができない。

7　議事録は適正に作成され、署名人（理事長及び監事）が記名押印（又は署名）し、備え置きしているか。

議事録は、会議体の記録であり、会議が有効に開催され、必要な審議事項について十分な検討がなされた結果、当該結論に導かれたことを証する書類となります。従って、その内容をルールに準拠して適切かつ簡潔明瞭に記載し、監事の署名を得る必要があります。また、事後的に確認できるよう、必要な場所に必要な期間備え置くことが求められています。

定款例

（議事録）
第27条　理事会の議事については、法令で定めるところにより、議事録を作成する。
2　出席した理事及び監事は、前項の議事録に記名押印する。
　（備考一）
　　記名押印ではなく署名とすることも可能。
　（備考二）
　　定款で、署名し、又は記名押印する者を、当該理事会に出席した理事長及び監事とすることもできる。
（法第45条の14第6項）。

社会福祉法

（理事会の運営）
第45条の14（略）
6　理事会の議事については、厚生労働省令で定めるところにより、議事録を作成し、議事録が書面をもって作成されているときは、出席した理事（定款で議事録に署名し、又は記名押印しなければならない者を当該理事会に出席した理事長とする旨の定めがある場合にあっては、当該理事長）及び監事は、これに署名し、又は記名押印しなければならない。
7　前項の議事録が電磁的記録をもって作成されている場合における当該電磁的記録に記録された事項については、厚生労働省令で定める署名又は記名押印に代わる措置をとらなければならない。

社会福祉法施行規則

（理事会の議事録）
第2条の17　（略）
3　理事会の議事録は、次に掲げる事項を内容とするものでなければならない。
　一　理事会が開催された日時及び場所（当該場所に存しない理事、監事又は会計監査人が理事会に出席した場合における当該出席の方法を含む。）
　二　理事会が次に掲げるいずれかのものに該当するときは、その旨
　　　イ　法第45条の14第2項の規定による理事の請求を受けて招集されたもの
　　　ロ　法第45条の14第3項の規定により理事が招集したもの
　　　ハ　法第45条の18第3項において準用する一般法人法第101条第2項の規定による監事の請求を受けて招集されたもの
　　　ニ　法第45条の18第3項において準用する一般法人法第101条第3項の規定により監事が招集したもの
　三　理事会の議事の経過の要領及びその結果
　四　決議を要する事項について特別の利害関係を有する理事があるときは、当該理事の氏名
　五　次に掲げる規定により理事会において述べられた意見又は発言があるときは、その意見又は発言の内容の概要
　　　イ　法第45条の16第4項において準用する一般法人法第92条第2項
　　　ロ　法第45条の18第3項において準用する一般法人法第100条
　　　ハ　法第45条の18第3項において準用する一般法人法第101条第1項
　六　法第45条の14第6項の定款の定めがあるときは、理事長以外の理事であって、理事会に出席したものの氏名
　七　理事会に出席した会計監査人の氏名又は名称
　八　理事会の議長が存するときは、議長の氏名

（ⅳ）労務管理

1　重要な職員の任免は、理事会において適正に行われているか。

　日常の業務として理事会が定めるものについては、理事長が専決できるため、「施設長等の任免その他重要な人事」を除く職員の任免は、理事長が専決できます。「施設長等の任免その他の重要な人事」については、理事長が専決できないため、理事会で行われていることを確認してください。

2　職員の採用・離職手続（辞令・社会保険等、退職金支給など）は適切に行われているか。

　職員の新規採用時には、雇用契約書の作成、採用辞令の発出、社会保険等の手続、退職共済等への加入手続等、様々な手続を適時に行って下さい。

　退職金制度の有無を確認してください。都道府県共済制度・独立行政法人福祉医療機構の退職共済制度・法人独自の退職金制度のいずれであるか、加入期間・加入人員等加入状況を確認してください。

3　就業規則・給与規程等は適正に制定されているか。

① 　就業規則が労働基準法等関係法令に準拠していることを確認してください。
② 　有給休暇等の付与状況を確認してください。

4　職員の勤務形態は、実態に即しているか。

　給与規程と支給実態に乖離がないことを確認してください。特に諸手当の支給の要件等を確認してください。交通費の支給については、所得税の非課税限度額を確認の上、処理の妥当性を検証してください。

5　職員の給与水準は妥当であり待遇は公平か。

　給与規程の整備ならびに遵守状況を確認してください。特に、中途採用職員の給与について、前職を保証する場合、調整手当等が規定されていれば、支給可能となります。

6　労働基準法・雇用保険法等関係の諸届出は適時適切に行われているか。

　労働基準法及び雇用保険法等に関する諸手続について、遅滞なく行われる必要があります。適正に実行されていることを確認して下さい。

　人手不足の社会環境の中、労働集約型産業の典型的職場である社会福祉法人においては、どのような人材を雇い入れするかは、重要な課題です。過重労働の環境とならないように、職員一人ひとりの能力向上と職場定着率の向上が求められています。適切な能力査定、有効な資格取得により安定的な収益確保も可能となり、給与水準のアップも可能となります。労働環境の安定に向けては、まず定着率の向上に向けた取組が重要です。

(ⅴ) 社会福祉充実計画

1　福祉充実残額の計算は適正か。

　福祉充実残額の計算は、確定決算に基づいて行われます。まず、正しい決算を作成して下さい。その際、平成12年会計基準導入時に簡便法を採用した法人は、決算としては正しいものですが、原則法を採用し、より正しい決算に変更することは可能です。特例計算の結果、福祉充実残額が計上される法人はあまり多くありませんが、充実残額が計上される法人は、再度決算の見直しが必要か否か、検討して下さい。

2　福祉充実計画の執行状況は妥当か。

　社会福祉充実計画を策定した場合、その執行状況を確認して下さい。、計画の執行による年度毎の充実残額の確認が必要となります。

(ⅵ) その他

1　関係者に対して特別の利益供与がないことを確認しているか。
　　関連当事者取引の注記との関係に留意すること。

　社会福祉法人は、関係者に対し特別の利益を与えてはならないものとされています（社会福祉法27条）。この特別の利益供与の禁止に関する改正は、平成28年から適用されています。

　親族等を含む関係者に対し、給与以外の特別の利益供与の実例が厚生労働省から公表されています。社会福祉法人は、公的資金を財源として運営されていることから、公私混同と誤解される取引には相当の注意が必要です。適正な取引であっても、その取引内容の合理性を説明する責任は、法人運営の責任者たる理事長にあります。必ず、取引の合理性を立証できるよう、日常的に取引手続の妥当性の証明のため証憑の管理を行って下さい。

　会計基準において関連当事者等取引を注記（開示）することとされています（会計基準29条1項12号）。この規定は、特別の利益供与にあたらない合理的な取引であっても、相手先、金額、内容等を開示し、利害関係者に誤解を与えないようにするものです。役員報酬等の個人情報に該当する取引、入札手続等により合理性が客観的に担保される取引及び金額1千万円以下の少額取引は除かれます。

2 寄附金の受け入れは寄附者の意向によるものであり、適正な手続きにそって行われているか。

　寄附金・寄附物品の受入について、寄附申込書により寄附者・金額等・目的を会計責任者に報告し、理事長の承認を得ていることを確認してください。寄附申込者本人の主体的意思に基づく寄附であることを確認・証明する必要があります。

3 寄附金申込書、寄附金台帳、寄附金領収書（控）は適正に整理保管されているか。

　適正な寄附であることを確認できるようにするために、寄附金申込書、寄附金台帳、寄附金領収書（控）は、必ず整備し、保管して下さい。なお、行事を行った時に寄附金箱等で集まった金銭を社会福祉法人に寄附する場合、代表者名で手続を行って下さい。

4 領収書は税制上の優遇措置が適用される旨記載した適切な様式により発行管理されているか。

　社会福祉法人に対する寄附は、所得税、法人税、相続税の非課税対象となる場合があります。非課税扱いの要件の中に、社会福祉に使用されるとの規定があり、社会福祉事業以外の事業に使用されると非課税対象とはなりません。寄附を受けた時点では、その使徒は明示できないため、、領収書に非課税措置の対象となることを明示することが必須とされています。

5 租税特別措置法40条の適用を受ける場合、税務上の手続が適正に行われているか。

　譲渡所得税の非課税措置を受ける税務上の手続は、かなりの時間と工数が必要です。この規定の適用を受ける場合、事前に税務当局に相談し、適用の準備を行って下さい。適用後も10年以上、その後の経過を報告する義務があるので、その点についても注意が必要です。一度この規定の適用を受け、その後取消となった場合、社会福祉法人に税金が課されることにも注意が必要です。

6 利用者預り金に関する契約書を締結しているか。
　（管理リスクを軽減するため、預り金残高を必要最低限とすること。）

　利用者の財産管理は重要な業務ですが、各人別に複数預金（普通預金、定期預金など）を預かったり、預金から引き出した現金を保管することがあります。多額の預金や現金の管理は非常に手間がかかるとともに、紛失・盗難等のリスクを抱えることになります。従って、財産管理はなるべく後見人等に委任し、あくまで日常生活に必要な最低限の預かりに限定すべきです。

施設としては、利用者全員の預かり資産の総額がどの程度の金額であるか、すべてを紛失等した場合の損害額がいかほどになるのかは、必ず把握して下さい。

7　利用者預り金管理規程に基づいて適切に管理されているか。

利用者預り金規程を整備し、規程どおり運用されていることを必ず確認して下さい。利用者の財産管理は非常に重要なため、規程違反の運用の結果、紛失等の事故が発生した場合、管理者責任のみならず、理事・監事の監督責任等も問われる可能性があります。

8　利用者預り金について、現金の保管は極力僅少にし、預金取引で対応しているか。

利用者の日常生活に必要な資金は、施設の小口現金で立替支出し、月末にまとめて利用料の個人負担分と合算して口座引落により精算したほうが、現金管理の安全性と事務の効率性の観点から望ましいと考えられます。問題点としては、残高不足による引落不能ですが、利用者預り金通帳を適時記帳し、残高管理を適切に行えば、引落不能のリスクは軽減することが可能です。

利用者各人の現金を引き出すと、現金が混在し、だれの現金か区別がつかなくなります。現金保管に関しては、複数人分まとめた合計額で管理した場合、過剰と不足の合計で一致しているに過ぎなければ、不足分は施設が負担し、過剰分は利用者に返還することになるため、結局負担のみ発生します。現金保管は、各人別で１円単位で正確に管理する必要があるため、現金管理の安全性・効率性の観点から現金保管を極力少なくし、なるべく預金通帳を通した取引にしてください。

また、利用者預り金口座について、キャッシュカードは作成しないでください。預金払出が施設職員によるものか、家族によるものか特定できなくなり危険です。

9　遺留金品の処分は、福祉事務所等実施機関の指示を得ているか。

利用者が死亡により退所された時、利用者財産の管理状況の報告は重要です。遺留品は、親族等にとっての価値は施設側では判断できないため、必ず規約に従い、第３者的立場の福祉事務所等の指示等に従い、処理する必要があります。

10　引継書（遺留品明細書添付）を作成しているか。

遺留品の引渡においては、引継書を適切に作成し、退所における最後の事務手続として、利用者親族等等の確認により、正確に事務を行って下さい。

| 11　死亡後預金の引き出しをしていないか。 |

　死亡後の預金引出は、法定相続人全員の承認がなければ出来ないこととなっています。死亡届けを提出する前に預金を引き出した場合、後日相続人から訴えられる可能性があります。葬儀費用であっても、死亡後の預金引出に関しては、相続人間の相続争いに巻き込まれる可能性があるので、十分ご注意ください。

| 12　消防計画は実態に即し適切に作成され、消防署に届出されているか。 |

　近年、自然災害が増加しています。火災、水害、地震等です。火災に対しては、消防計画を適切に作成し、消防署へ届出して下さい。

| 13　防災訓練等はルールに従って、適時、適切に実施されているか。 |

　防災訓練等は、現実に起こりうるものとして、必ずルールに従って実施して下さい。夜間、休日等の体制不備な時間帯の対応が重要です。

| 14　防災設備、避難経路等に不備はないか。 |

　近時、不審者等の問題もあるため、防災設備のみならず防犯設備の管理も重要となっています。

　行政からの補助も活用して設備を整備し、利用者の安全確保を図る必要があります。

| 15　福祉サービスに関する苦情解決の仕組みへの取組みが行われているか。 |

　社会福祉事業の経営者は、常に、その提供する福祉サービスについて、利用者等からの苦情の適切な解決に努めなければなりません（法82条）。苦情解決の仕組みの指針に従って、苦情問題に取り組む必要があります。

| 16　福祉サービスの第3者評価の受審、又は自己評価の実施状況を確認したか。 |

　社会的養護施設及びグループホームにおいては、福祉サービスの第3者評価を3年に1回受審することが義務づけられています。また、保育所等においては、義務化されてはいませんが、受審した場合、施設型給付費収益（保育事業収益）に加算されます。また、保育所等においては、自己評価の実施が義務づけられているため、自己評価結果を確認して下さい。

| 17　法人の福祉サービスの内容及び財務等に関する情報を開示しているか。 |

　社会福祉法人は、定款、報酬等の支給基準、計算書類、役員等名簿及び現況報告書を、インターネットで公表することとなりました（社会福祉法59条の2第1項及び社会福祉法施行規則10条、審査基準第5（5））。なお、個人情報にかかる部分は除かれています。

定款例

（公告の方法）
第39条　この法人の公告は、社会福祉法人〇〇福祉会の掲示場に掲示するとともに、官報、新聞又は電子公告に掲載して行う。
（事業報告及び決算）
第32条
3　第1項の書類のほか、次の書類を主たる事務所に 5年間（、また、従たる事務所に 3年間）備え置き、一般の閲覧に供するとともに、定款を主たる事務所（及び従たる事務所に）に備え置き、一般の閲覧に供するものとする。
　　（1）監査報告
　　（2）理事及び監事並びに評議員の名簿
　　（3）理事及び監事並びに評議員の報酬等の支給の基準を記載した書類
　　（4）事業の概要等を記載した書類

| 18　目的事業、事務所の所在地は登記されているか。 |

　定款記載事項の中で、目的事業、本店事務所所在地は登記事項とされています（登記令2条）。従って、目的事業の追加、休止、本店事務所の移転等があった場合、速やかに登記手続を行う必要があります。

| 19　資産総額の変更登記、役員改選に伴う理事長の就任・重任登記が行われているか。 |

　組合等登記令の改正により、資産総額の変更登記の期限が3ヶ月以内となりました（登記令3条3項）。社会福祉法人の決算は、4月1日に始まり翌年3月31日に終わる（社会福祉法45条の23第1項）と規定されているため、資産総額の変更登記の期限は6月末となりました。

　理事長の就任・重任登記は、選任されてから2週間以内に行うこととされています（登記令第3条第1項）。定時評議員会において新たな理事として選任された者の互選により理事長は選任されます。理事長選任の理事会は、新たな理事の任期が評議員会の翌日からとなっているため、当該評議員会の翌日以降、速やかに開催する必要があります。

2 財務管理編

（ⅰ）会計管理

1　経理規程は会計基準に準拠して制定されているか。

　法人は会計基準省令（厚生労働省令第79号）に基づく適正な会計処理を行うために、経理規程を定めることとされています（運用上の留意事項（4））。経理規程においては、予算・決算の手続、会計帳簿の整備、会計処理の体制及び手続、資産及び負債の管理や評価、契約に関する事項等について規定します。

　経理規程は法人独自で作成するものですが、社会福祉法人においては、通常、全国社会福祉法人経営者協議会（以下、「経営協」）から公表されている社会福祉法人モデル経理規程（以下、「モデル経理規程」）を参考に作成します。モデル経理規程は事務連絡として公表されていましたが、平成29年版モデル経理規程は、経営協からの公表のみであり厚労省からの通知とはなっていませんが、一般の社会福祉法人は、経営協モデル経理規程に準じて法人の経理規程を作成して問題ないものと考えられています。

　そのため、財務管理編における経理規程の取扱は、モデル経理規程の条文とします。なお、小規模社会福祉法人における取扱を前提とすることから、「平成29年版　社会福祉法人モデル経理規程（平成29年4月1日施行）　全国社会福祉法人経営者協議会　平成29年3月15日」を参考とします。

モデル経理規程

（目　的）
第1条　この規程は、社会福祉法人〇〇（以下「当法人」という。）の経理の基準を定め、適切な経理事務を行い、支払資金の収支の状況、経営成績及び財政状態を適正に把握することを目的とする。

（経理事務の範囲）
第2条　この規程において経理事務とは、次の事項をいう。
　（1）会計帳簿の記帳、整理及び保管に関する事項
　（2）予算に関する事項
　（3）金銭の出納に関する事項
　（4）資産・負債の管理に関する事項
　（5）財務及び有価証券の管理に関する事項
　（6）棚卸資産の管理に関する事項
　（7）固定資産の管理に関する事項
　（8）引当金に関する事項

> (9) 決算に関する事項
> (10) 内部監査及び任意監査に関する事項
> (11) 契約に関する事項
> (12) 社会福祉充実計画に関する事項
>
> (会計処理の基準)
> 第3条 会計処理の基準は、法令及び定款並びに本規程に定めるもののほか、社会福祉法人会計基準によるものとする。

> 2 予算の策定手続は、経理規程に従って適正に行われているか。
> (予算は事業計画に合致し、収入・支出の積算は妥当か。)
> (予算超過支出となる場合、予算の補正、予備費の使用、中区分科目の流用の手続は適正に行われているか。)
> (予算の執行に当たって変更を加えるときは、あらかじめ理事会の同意を得ているか。)

　社会福祉法人においては、予算管理が非常に重要と考えられます。社会福祉の財源のほとんどが公的資金です。その公的資金がどのように使用されたのかに関して、相当程度の説明責任が求められています。

　その際、予算計上がいい加減であれば、結果的にその支出の妥当性を証明することが困難となります。適正な事業運営にかかる支出予算の作成が重要です。その予算の運用に関しては、経理規程に則った運用が必須となります。

　予算に関して、大区分科目（例：人件費支出）で予算不足の場合（軽微なものを除く）、補正予算が必要です。大区分では不足ではないが、中区分科目（例：職員給与支出）が不足する場合は、他の科目（例：役員報酬支出等）からの流用が可能です。もし、予備費残高の範囲内であれば、予備費の使用で対応することも可能です。

　なお、予算は拠点区分ごとに管理しますが、規定によりサービス区分で管理することも可能です。

　また、今回の制度改正で予算の承認は理事会で行うこととなりましたが、租税特別措置法40条の適用を受ける法人は、従来通り理事会において理事総数の3分の2以上の同意を得た上で、評議員会の承認を得ることが必要です。

> **モデル経理規程**
>
> (予算基準)
> 第15条　当法人は、毎会計年度、事業計画及び承認社会福祉充実計画に基づき資金収支予算を作成する。
> 2　予算は拠点区分（又はサービス区分）ごとに編成し、収入支出の予算額は勘定科目ごとに設定する。
> (予算の事前作成)
> 第16条　前条の予算は、事業計画及び承認社会福祉充実計画に基づき毎会計年度開始前に理事長が編成し、理事会の承認を得て確定する。
> (予算管理責任者)
> 第17条　予算の編成並びに予算の執行及び管理について理事長を補佐するため、理事長は、予算管理の単位ごとに予算管理責任者を任命する。
> (勘定科目間の流用)
> 第18条　予算管理責任者は、予算の執行上必要があると認めた場合には、理事長の承認を得て、拠点区分内における中区分の勘定科目相互間において予算を流用することができる。
> 　＊勘定科目間の流用とは、ある勘定科目について当初与えられた予算枠を超えて事業を執行するときに、他の勘定科目から予算枠を充当することをいう。
> (予備費の計上)
> 第19条　予測しがたい支出予算の不足を補うため、理事会の承認を得て支出予算に相当額の予備費を計上することができる。
> (予備費の使用)
> 第20条　予備費を使用する場合は、予算管理責任者は事前に理事長にその理由と金額を記載した文書を提示し、承認を得なければならない。
> 2　予備費を使用した場合は、理事長はその理由と金額を理事会に報告しなければならない。
> (補正予算)
> 第21条　予算執行中に、予算に変更事由が生じた場合には、理事長は補正予算を作成して理事会に提出し、その承認を得なければならない。

3　各拠点区分ごとに会計責任者（統括会計責任者）、出納職員、小口取扱者を任命し、内部牽制組織を確立しているか。また、辞令が適時、適切に交付されているか。

　内部牽制組織の確立は、多くの職員が業務に関与する社会福祉施設には必要最低限の条件です。現金の出し入れは、土日、祝日にかかわらず発生する日常業務ですが、その担当者が休みの場合、他の担当者が代行することになります。その業務分担と責任・権限を明確化し、出納事務が滞りなく実行される必要があるのです。その為、出納担当者、会計責任者、統括会計責任者の役割の明確化と実施状況の検証が必要となってきます。経理規程に則った役割分担と業務遂行状況の確認が必要です。

　また、適切な運用状況の証明として、辞令の交付が必須となります。

モデル経理規程

(統括会計責任者、会計責任者及び出納職員)
第8条　当法人の経理事務に関する統括責任者として、統括会計責任者を置く。
2　第6条第2項の各拠点区分には、それぞれの経理事務の責任者として会計責任者を置く。ただし、会計責任者としての業務に支障がない限り、1人の会計責任者が複数の拠点区分の会計責任者を兼務することができる。
3　第6条第2項の各拠点区分又は各サービス区分には、会計責任者に代わって一切の経理事務を行わせるため、出納職員を置く。ただし、出納職員としての業務に支障がない限り、1人の出納職員が複数の拠点区分又はサービス区分の出納職員を兼務することができる。
4　統括会計責任者、会計責任者及び出納職員は理事長が任命する。
5　会計責任者は、会計事務に関する報告等、統括会計責任者の指示に従わなければならない。
6　会計責任者は、出納職員を監督しなければならない。

4　現金保管については管理責任が経理規程等で明確にされているか。

　現金管理については、日々出納担当者が現金確認を行い、金種表を作成してください。出納簿のみでなく、金種表を作成し、当日の現金残高の金種別内訳を必ず作成することにより、現金過不足の発生が著しく減少します。

　なお、月次決算においては現金過不足勘定で処理し、期末決算において現金過不足残高を雑損失(又は雑収益)に計上する方法で処理すれば、通期の現金管理状況が現金過不足勘定を検討することで可能となります。

モデル経理規程

(金銭の範囲)
第22条　この規程において、金銭とは現金、預金、貯金をいう。
2　現金とは、貨幣、小切手、紙幣、郵便為替証書、郵便振替貯金払出証書、官公庁の支払通知書等をいう。
(残高の確認)
第30条　出納職員は、現金について、毎日の現金出納終了後、その残高と帳簿残高を照合し、会計責任者に報告しなければならない。
2　出納職員は、預貯金について、毎月末日、取引金融機関の残高と帳簿残高とを照合し、当座預金について差額がある場合には当座預金残高調整表を作成して、会計責任者に報告しなければならない。
3　前二項の規定により報告を受けた会計責任者はその事実の内容を確認しなければならない。
(金銭過不足)
第31条　現金に過不足が生じたとき、出納職員は、すみやかに原因を調査したうえ、遅滞なく会計責任者に報告し、必要な指示を受けるものとする。
2　前項の規定により報告を受けた会計責任者はその事実の内容を確認しなければならない。

5　月次試算表は適正に作成され、毎月所定の日に理事長に報告されているか。

　月次決算の承認は、会計上、法人運営上、非常に大切な手続です。法人の財務状況を理事長に適時・適正に報告し、その内容を認識した上で承認を得ることが、理事としての職務執行であり、理事長としての職責です。

　また、その際、仕訳日記帳等の月次決算の附属資料も同時に承認を受けておけば、稟議決裁の記録、支払の決裁などの承認記録として利用することも可能です。

モデル経理規程

（月次報告）
第32条　会計責任者は、各拠点区分ごとに毎月末日における月次試算表を作成し、翌月○日までに統括会計責任者に提出しなければならない。
2　統括会計責任者は、前項の月次試算表に基づき、各事業区分合計及び法人全体の月次試算表を作成し、前項の月次試算表を添付して、翌月○日までに理事長に提出しなければならない。
3　会計責任者が複数の拠点区分の会計責任者を兼務している場合には、兼務している拠点区分を統合した月次試算表を作成することができる。ただし、その場合においても、各拠点区分ごとの資金収支及び事業活動の内訳を明らかにして作成しなければならない。

6　証憑書類は適切に整理保管されているか。

　現金入金の有無を確認し、入金に関して領収書の発行状況を確認してください。振込入金に関しては必ずしも領収書発行の必要性はありませんが、現金入金に関しては、金額の多寡に拘わらず、すべて領収書が発行されていることを確認してください。領収書控えの番号のもれが無いことを検証すると同時に書き損じ領収書の管理状況並びに未使用領収書の保管・管理状況を確認してください。

モデル経理規程

（収入の手続）
第23条　金銭の収納に際しては、出納職員は、所定の用紙に所定の印を押した領収書を発行するものとする。
2　銀行等の金融機関への振込の方法により入金が行われた場合で、前項に規定する領収書の発行の要求がない場合には、領収書の発行を省略することができる。

> 7　金銭収入は、支出に充てられることなく、経理規程に規定されている所定の期間内に金融機関に全額預け入れているか。

　入金現金については、必ず一定期間内に普通預金に預入して下さい。現金管理の基本であり、入金現金から支出すると、現金の不一致の原因となります。

　毎日、現金支払のある社会福祉施設においては、このルールの遵守が重要です。

モデル経理規程

（収納した金銭の保管）
第24条　日々入金した金銭は、これを直接支出に充てることなく、収入後○日以内に金融機関に預け入れなければならない。

> 8　支払いは会計責任者の決裁を得てから行われているか。

　物品購入においては、一定の権限者の承認のもと、購入の可否が決定されます。例えば10万円以下の物品購入は施設長決裁、10万円超は理事長決裁などです。この承認をうけた取引について、購入現場における納品の事実を確認し、請求内容に問題がないことを再確認した上で、会計責任者の承認に基づいて、一定の期日に支払することになります。

モデル経理規程

（支出の手続）
第26条　金銭の支払いは、受領する権利を有する者からの請求書、その他取引を証する書類に基づいて行う。
2　金銭の支払いを行う場合には、会計責任者の承認を得て行わなければならない。（以下、次項）

> 9　納品書、請求書、領収書等は正当か。また、適切に整理保管されているか。

　発注した内容と物品の照合、納入された物品と納品書の照合、納品書と請求書の照合、請求書通りの支払など、様々な点について確認がとれないと、支払手続ができないことになります。すべての支払が適正であったことを証明するためには、各種証憑を一定期間保管し、必要な場合、再確認できるよう整理を行う必要があります。

　なお、支払事務の効率化のため、継続的な仕入先・購入先で、支払額が一定額以上の相手先については、なるべく銀行振込、口座引落等の方法を選択すべきと考えます。

モデル経理規程

（支出の手続）
第26条
3　金銭の支払いについては、受領する権利を有する者の署名又は記名捺印のある領収書を受け取らなければならない。
4　銀行等の金融機関からの振込の方法により支払いを行った場合で、領収書の入手を必要としないと認められるときは、前項の規定にかかわらず、振込を証する書類によって前項の領収書に代えることができる。

（支払期日）
第27条　毎月○日までに発生した債務の支払いは、小口払い及び随時支払うことが必要なものを除き、翌月○日に行うものとする。

10　小口現金の支出は、経理規程に基づき適切に行われ、毎日現金残高を照合しているか。
（小口現金の保有額は、経理規程上の限度額の範囲内になっていることを確認したか。）

　小口現金での支払は、臨時的な支払や少額支払いに限定されます。この定額資金前渡制度は、保有限度額とする場合がありますが、払出限度額でも結構です。経理規程において、「小口現金の払出限度額は、5万円とする」旨規定すれば、前日残高1万円であっても、5万円引き出して、保有6万円となっても問題ありません。しかし、多額の現金を保有することは、管理リスクを高めることになるため、月末時のみでなく、月2回程度精算することを前提に限度額を規定する方法を検討すべきです。

　精算と払出を同時に行うようにすれば、払出時の残高が定額となり、常に現金残高と支払済み領収書金額の合計が定額となることから、現金管理の正確性を高めることが可能となります。

　なお、一定金額の現金支出が必要となる場合、事前に本部等から概算払い（仮払金処理）を行い、施設の小口現金からの支出しないこととすれば、通常保有する小口現金の金額を少なくすることが可能となります。

> **モデル経理規程**
>
> (小口現金)
> 第28条　小口の支払いは、定額資金前渡制度による資金(以下「小口現金」という。)をもって行う。
> 2　小口現金を設ける場合には、会計責任者が、その必要性を文書により説明したうえで、統括会計責任者の承認を得なければならない。
> 3　小口現金の限度額は、〇〇区分ごとに〇万円とする。
> 4　小口現金は、毎月末日及び不足の都度精算を行い、精算時に主要簿への記帳を行う。
>
> (概算払)
> 第29条　性質上、概算をもって支払いの必要がある経費については、第26条第1項の規定にかかわらず概算払いを行うことができる。
> 2　概算払いをすることができる経費は、次に掲げるものとする。
> 　(1)　旅費
> 　(2)　その他会計責任者が特に必要と認めた経費

11　工事の発注、物品、給食材料の購入等は、複数業者からの合い見積もりにより適正金額であることを確認しているか。

　社会福祉法人における入札契約等の取扱について(社援基発0329第1号外、社会・援護局福祉基盤課長外)において、入札基準が1,000万円を超えない場合とされました。この場合、最低3社以上の見積書を入手し、価格、内容等の比較検討をしなければならないこととされました。なお、下表の金額以下の場合、2社の見積で結構です。ただし、法人の適正運営が条件とされています。

> **モデル経理規程**
>
> (随意契約)
> 第74条　合理的な理由により、競争入札に付することが適当でないと認められる場合においては、随意契約によるものとする。
> 　なお、随意契約によることができる合理的な理由とは、次の各号に掲げる場合とする。
> 　(1)　売買、賃貸借、請負その他の契約でその予定価格が1,000万円を超えない場合
> 　(2)　契約の性質又は目的が競争入札に適さない場合
> 　(3)　緊急の必要により競争入札に付することができない場合
> 　(4)　競争入札に付することが不利と認められる場合
> 　(5)　時価に比して有利な価格等で契約を締結することができる見込みのある場合
> 　(6)　競争入札に付し入札者がないとき、又は再度の入札に付し落札者がない場合
> 　(7)　落札者が契約を締結しない場合
> 2　前項(6)の規定により随意契約による場合は、履行期限を除くほか、最初競争入札に付するときに定めた予定価格その他の条件を変更することはできない。

3　第1項（7）の規定により随意契約による場合は、落札金額の制限内でこれを行うものとし、かつ、履行期限を除くほか、最初競争入札に付すときに定めた条件を変更することはできない。

4　第1項（1）の理由による随意契約は、3社以上の業者から見積もりを徴し比較するなど適正な価格を客観的に判断しなければならない。ただし、予定価格が下表に掲げられた契約の種類に応じ定められた額を超えない場合には、2社の業者からの見積もりを徴し比較するものとする。

契約の種類	金額
1　工事又は製造の請負	250万円
2　食料品・物品等の買入れ	160万円
3　前各号に掲げるもの以外	100万円

12　競争入札は適正に実施されているか。
（随意契約は合理的理由に基づき行われているか。）

　一般的には、一般競争入札が望ましいとされていますが、地域の活性化のため地元業者を中心に指名競争入札とすることがあります。各自治体の指導に従って、法人に有利な方法を選択すべきと考えます。

モデル経理規程

（一般競争契約）
第72条　契約担当者は、売買、賃貸借、請負その他の契約をする場合には、あらかじめ、契約しようとする事項の予定価格を定め、競争入札に付する事項、競争執行の場所及び日時、入札保証金に関する事項、競争に参加する者に必要な資格に関する事項並びに、契約事項を示す場所等を公告して申込みをさせることにより一般競争に付さなければならない。

（指名競争契約）
第73条　合理的な理由から前条の一般競争に付する必要がない場合及び適当でないと認められる場合においては、指名競争に付することができる。
　　なお、指名競争入札によることができる合理的な理由とは、次の各号に掲げる場合とする。
　　（1）契約の性質又は目的が一般競争に適さない場合
　　（2）契約の性質又は目的により競争に加わるべき者の数が一般競争入札に付する必要がないと認められる程度に少数である場合
　　（3）一般競争入札に付することが不利と認められる場合
2　前項の規定にかかわらず、「地方公共団体の物品等又は特定役務の調達手続の特例を定める政令」（平成7年政令第372号）第3条第1項に規定する総務大臣が定める区分により、総務大臣が定める額以上の契約については、一般競争に付さなければならない。

13　100万円を超す契約は契約書を作成しているか。

　金額の大きな契約を実行する場合、完了後に工事等の内容に疑義が生じることがあります。その際、契約内容を契約書に明示することが重要です。通常、契約の相手先は、その取引の専門家であることが多く、法人側は当該取引に精通していることは稀です。従って、契約内容を精査した上で、契約書を締結して下さい。

　なお、ある程度経常的に行われる取引や金額が多額でない取引の場合、相手先に注文請書の作成を依頼して下さい。

モデル経理規程

（契約書の作成）
第75条　契約担当者は、競争により落札者を決定したとき、又は随意契約の相手方を決定したときは、契約書を作成するものとし、その契約書には契約の目的、契約金額、履行期限及び契約保証金に関する事項のほか、次に掲げる事項を記載しなければならない。ただし、契約の性質又は目的により該当のない事項については、この限りでない。
　　（1）契約履行の場所
　　（2）契約代金の支払い又は受領の時期及び方法
　　（3）監査及び検査
　　（4）履行の遅滞その他債務の不履行の場合における遅延利息、違約金その他の損害金
　　（5）危険負担
　　（6）かし担保責任
　　（7）契約に関する紛争の解決方法
　　（8）その他必要な事項
2　前項の規定により契約書を作成する場合においては、理事長は契約の相手方とともに契約書に記名押印しなければならない。

（契約書の作成を省略することができる場合）
第76条　前条の規定にかかわらず、次に掲げる場合には、契約書の作成を省略することができる。
　　（1）指名競争又は随意契約で契約金額が100万円を超えない契約をするとき
　　（2）せり売りに付するとき
　　（3）物品を売り払う場合において、買受人が代金を即納してその物品を引き取るとき
　　（4）（1）及び（3）に規定する場合のほか、随意契約による場合において理事長が契約書を作成する必要がないと認めるとき
2　第1項の規定により契約書の作成を省略する場合においても、特に軽微な契約を除き、契約の適正な履行を確保するため、請書その他これに準ずる書面を徴するものとする。

14　契約は理事長名（又は委任を受けた契約担当者）となっているか。

　定款例では、理事長の職務代理者が規定されていましたが、今回の改正によりこの規定が削除されています。従って、契約行為は原則理事長名で行うこととなりました。なお、定款施行細則等において、委任する範囲を規定すれば、施設長等の委任を受けた契約担当者が契約できるものとされています（社援基発0329第1号外1（1））。

モデル経理規程

（契約機関）
第71条　契約は、理事長又はその委任を受けた者（以下「契約担当者」という。）でなければこれをすることができない。
2　理事長が契約担当者に委任する場合には、委任の範囲を明確に定めなければならない。

（ⅱ）資産管理

1　基本財産、その他財産、公益事業用財産及び収益事業用財産は明確に区分して管理されているか。

　社会福祉法人審査基準（平成28年11月11日）の改正により、「運用財産」と規定されていたものが、「その他財産」に変更になりました。法人が公益事業又は収益事業を行う場合、公益事業用財産又は収益事業用財産として、明確に区分して管理することが求められています。なお、その他財産は、基本財産、公営事業用財産、収益事業用財産以外の財産です。

審査基準

第2　法人の資産
　2　資産の区分
　　法人の資産の区分は、基本財産、その他財産、公益事業用財産（公益事業を行う場合に限る。）及び収益事業用財産（収益事業を行う場合に限る。）とすること。

2　法人が所有する社会福祉事業の用に供する不動産は、すべて基本財産として定款に記載され、かつ所有権等が登記されているか。

　基本財産の定義は、審査基準によれば「施設の用に供する不動産」となりますが、具体的には、「社会福祉施設の最低基準により定められた設備を含む建物並びにその建物の敷地及び社会福祉施設の最低基準により定められた設備の敷地をいう（審査要領第2（4））」と規定されています。

基本財産となるか、その他の財産となるかは、定義により判断することになりますが、実務上、同じような固定資産の取得であっても、基本財産として計上する場合としない場合に分かれることがあります。固定資産税の課税の判断であったり、基本財産の処分には所轄庁の承認が必要となることなどです。

審査基準

第2　法人の資産
　2　資産の区分
　（1）　基本財産
　　イ　社会福祉施設を経営する法人にあっては、すべての施設についてその施設の用に供する不動産は基本財産としなければならないこと。ただし、すべての社会福祉施設の用に供する不動産が国又は地方公共団体から貸与又は使用許可を受けているものである場合にあっては、100万円（この通知の発出の日以後に新たに設立される法人の場合には、1,000万円）以上に相当する資産（現金、預金、確実な有価証券又は不動産に限る。以下同じ。）を基本財産として有していなければならないこと。

3　施設敷地が借地の場合、その事業の存続に必要な期間を定めた契約等（契約書、使用許可書、賃借料等）を締結しているか。また、利用権（地上権又は借地権）を設定登記しているか。

　地上権又は賃借権の設定登記を行うことにより、期間は限定されますが、当該施設の利用が保証されることになり、利用者の利用権が保証されることとなります。

審査基準

第2　法人の資産
　1　資産の所有等
　（1）原則
　　　法人は、社会福祉事業を行うために直接必要なすべての物件について所有権を有していること、又は国若しくは地方公共団体から貸与若しくは使用許可を受けていること。
　　　なお、都市部等土地の取得が極めて困難な地域においては、不動産の一部（社会福祉施設を経営する法人の場合には、土地）に限り国若しくは地方公共団体以外の者から貸与を受けていることとして差し支えないこととするが、この場合には、事業の存続に必要な期間の地上権又は賃借権を設定し、かつ、これを登記しなければならないこと。

> 4 基本財産を所轄庁の承認を得ずに処分、貸与又は担保に供していないか。
> （独立行政法人福祉医療機構への担保提供等を除く。）

　福祉医療機構の融資は、要件が厳格に規定されているため、担保提供について別途所轄庁の承認を要しないこととなっています。また、一般的には、所轄庁の補助事業と一体的に実行されることが多いため、重複して審査する必要がないものと考えられます。

　その結果、市中銀行が福祉医療機構と協調融資を実行する場合も、所轄庁の承認は不要となっています。

審査基準

> 第2　法人の資産
> 　2　資産の区分
> 　　（1）　基本財産
> 　　　ア　基本財産は、法人存立の基礎となるものであるから、これを処分し、又は担保に供する場合には、法第30条に規定する所轄庁の承認を受けなければならない旨を定款に明記すること。

> 5　固定資産の増加または減少について経理規程に準拠した手続が行われているか。
> 　　定期的に固定資産現在高報告が理事長等に行なわれているか。

　固定資産物品が、固定資産管理台帳どおり実在するかどうか、定期的に検証する必要があります。固定資産物品は、取得価額が高額な物品等であり、その性質上、個別管理が要求されています。しかし、実務上は、既に廃棄された物品が台帳に残っている例も散見されます。その取得に補助金が充当される資産も多いことから、必ず定期的に、固定資産の実体把握を行い、理事長に報告することが重要です。

モデル経理規程

> （現物管理）
> 第52条　固定資産の現物管理を行うために、理事長は固定資産管理責任者を任命する。
> 2　固定資産管理責任者は、固定資産の現物管理を行うため、固定資産管理台帳を備え、固定資産の保全状況及び異動について所要の記録を行い、固定資産を管理しなければならない。
> （取得・処分の制限等）
> 第53条　基本財産である固定資産の増加又は減少（第55条に規定する減価償却等に伴う評価の減少を除く）については、事前に理事会及び評議員会の承認を得なければならない。
> 2　基本財産以外の固定資産の増加又は減少については、事前に理事長の承認を得なければならない。ただし、法人運営に重大な影響があるものは理事会の承認を得なければならない。
> 3　固定資産は、適正な対価なくしてこれを貸し付け、譲り渡し、交換し、又は他に使用させてはならない。ただし、理事長が特に必要があると認めた場合はこの限りでない。

6　不動産を除く財産の管理運用は、安全、確実な方法で行われているか。

　財産の運用には、安全性・確実性が求められています。基本財産は、株式等の価格変動の激しい財産、美術品等の客観的評価が困難な財産、他者への貸付等の回収が困難になるおそれのある財産などでの運用は認められていません。

　基本財産以外の財産については、株式投資も認められていますが、子会社の保有のための株式の保有等は認められず、株式の取得は公開市場を通してのもの等に限られています。

　なお、一定の要件のもと、未公開株の保有も可能とされています（審査基準　第2　3資産の管理）。

モデル経理規程

(資金の運用等)
第40条　資産のうち小口現金を除く資金は、確実な金融機関に預け入れ、確実な信託会社に信託して、又は確実な有価証券に換えて保管するものとする。
2　余裕資金の運用及び特定の目的のために行う資金の積み立てを有価証券により行う場合には、資金運用規程の基本原則に従って行わなければならない。
3　会計責任者は、毎月末日に資金（有価証券及び積立資産を含む）の残高の実在を確かめ、その内容を統括会計責任者及び理事長に報告しなければならない。

7　株式の保有は、適正に行われているか。

　株式投資も認められますが、公開市場を通した取得に限られており、子会社保有を目的とする株式保有は認められていません。ただし、一定の要件を満たす場合には、保有割合が2分の1を超えない範囲で、未公開株式を保有することができます（審査基準第2　3（2））。

①　社会福祉に関する調査研究を行う企業の未公開株であること
②法人において、実証実験の場を提供する等、企業が行う社会福祉に関する調査研究に参画していること
②　未公開株への拠出（額）が法人全体の経営に与える影響が少ないことについて公認会計士又は税理士による確認を受けていること

審査要領

第2 法人の資産
(8) 法人が株式を保有できるのは、原則として、以下の場合に限られる。
　　ア　基本財産以外の資産の管理運用の場合。
　　　ただし、あくまで管理運用であることを明確にするため、上場株や店頭公開株のように、証券会社の通常の取引を通じて取得できるものに限る。
　　イ　基本財産として寄付された場合。
　　　これは、設立時に限らず、設立後に寄附されたものも含む。
(9) 基本財産として株式が寄附される場合には、社会福祉法人としての適切な活動等のため、所轄庁においては、寄附を受けた社会福祉法人の理事と当該営利企業の関係者との関係、基本財産の構成、株式等の寄附の目的について十分注意し、必要に応じ適切な指導等を行う。必要に応じ適切な指導等を行う。
(10) (8)の場合については、株式の保有等は認められるが、その場合であっても、当該社会福祉法人が当該営利企業を実質的に支配することのないように、その保有の割合は、2分の1を超えてはならない。
(11) (8)の場合により株式保有等を行っている場合（全株式の20％以上を保有している場合に限る。）については、法第59条の規定による現況報告書等と合わせて、当該営利企業の概要として、事業年度末現在の次の事項を記載した書類を提出すること。
　　ア　名称
　　イ　事務所の所在地
　　ウ　資本金等
　　エ　事業内容
　　オ　役員の数及び代表者の氏名
　　カ　従業員の数
　　キ　当該社会福祉法人が保有する株式等の数及び全株式等に占める割合
　　ク　保有する理由
　　ケ　当該株式等の入手日
　　コ　当該社会福祉法人と当該営利企業との関係（人事、取引等）

8　法人の財産（基本財産含むすべて）については、価値の変動の激しい財産等が相当部分を占めていないか。

　不動産以外の資産運用において、株式保有も認められていますが、日本国債の保有が一般的ではないでしょうか。国債保有に関しては、会計処理上、満期保有を目的とすれば、償却原価法の採用が認められています。満期保有目的でない場合、株式と同様、時価により計上することとなり、資産価額の変動の影響を受けることとなります。

　一般法人の社債は、経済情勢により安全性に問題がある場合があります。特に期間の長いものは注意が必要です。

9 法人・施設の資金を他に貸し付けたり、担保に供していないか。

法人外への資金の貸し付け、高額な役員報酬等の社外流出は認められていません。資金の使途制限の通知を確認して下さい。なお、概要は、事業4（法人運営編）に記載しています。

10 資金が実際に実在するか。

（預金勘定、その他固定資産勘定（特定資産）の合計額と預貯金残高証明書の照合）

残高証明との照合だけでなく、現金の現物確認、預金通帳や預金証書の現物確認が必要です。

目的積立資産への積立の時期は、決算理事会終了後2ヶ月以内とされました。

モデル経理規程

（資金の積立て）

第39条　将来の特定の目的のために積立金を積み立てた場合には、同額の積立資産を積み立てなければならない。この場合において、積立資産には、積立金との関係が明確にわかる名称を付さなければならない。また、積立金に対応する積立資産を取崩す場合には、当該積立金を同額取崩さなければならない。

2　資金管理上の理由から積立資産の積み立てが必要とされる場合には、前項の規定にかかわらず、積立資産の積み立てを行うことができる。ただし、この場合において、積立資産には積み立ての目的を明示した名称を付すとともに、理事会の承認を得なければならない。

3　積立資産を専用の預金口座で管理する場合には、決算理事会終了後2か月以内に資金移動を行わなければならない。

11 その他財産は適正に管理されているか。（在庫管理の方法、処分等手続き）

社会福祉法人においては、会計上、棚卸資産に計上するか否かではなく、現物管理上、金額的・質的重要性のある資産については、台帳管理等が必要となります。従って、重要性のない資産、経常的に消費し、一時的に保有する給食材料等の資産は、棚卸資産に計上する必要はありませんが、現物の紛失等がないように物品管理する必要があります。

就労支援施設は、商製品の販売を目的とするため、商品、製品・仕掛品・原材料について、現物管理を適切に行うとともに、評価金額の算定に注意する必要があります。

モデル経理規程

（棚卸資産の管理）

第46条　棚卸資産については、その品目ごとに受払帳を備え、異動及び残高を把握しなければならない。

2　会計責任者は、毎会計年度末において棚卸資産の実地棚卸を行い、正確な残高数量を確かめなければならない。

3　棚卸資産のうち、毎会計年度一定量を購入し、経常的に消費するもので常時保有する数量が明らかに1年間の消費量を下回るものについては、販売目的で所有する棚卸資産を除き、第1項の規定にかかわらず、受払帳を設けずに購入時に消費したものとして処理することができる。

| 12 　借入金は、事業運営上の必要により、適切な手続に基づいているか。 |

　理事会の決議事項として、多額の借財（法第45条の13第4項2号）が規定されており、定款例第24条備考において、理事長の専決事項として規定する「日常の業務として理事会が定めるもの」の④設備資金の借入に係る契約であって予算の範囲内のものとされています。その他、借入額の範囲に関しては、別途理事会において決議すべきものと考えられ、定款細則等で規定すべきです。

モデル経理規程

（資金の借入）
第36条　長期の資金を借り入れる（返済期限が1年を超える資金の借り入れをいう。）場合には、会計責任者は、その理由及び返済計画に関する文書を作成し、統括会計責任者及び理事長の承認を得なければならない。
2　短期の資金を借り入れる（長期の資金の借り入れ以外の借り入れをいう。）場合には、会計責任者は、文書をもって統括会計責任者及び理事長の承認を得なければならない。

| 13 　借入金の償還は、その財源に問題がなく、かつ適正に行われているか。 |

　借入金は、介護報酬等の当該年度の収入で償還すべきですが、財源不足の場合、寄附金や他区分からの繰入を財源とすることも考えられます。他区分からの繰入については、資金の使途制限に留意する必要があります。
　また、補助事業等において、概算払いなく、当初、法人が資金の全額を負担する場合、他区分からの短期借入（資金の繰替使用）で対応することがあります。この資金の繰替使用が年度内に精算できない場合、理事会等の承認により金融機関から数日間短期運営資金の借入により対応することも可能と考えられます。

| 14 　借入金の償還財源として寄附金が予定されている場合、寄附予定者と贈与契約されており、遅滞なく履行されているか。 |

　拠点区分において多額の経常収支差額が見込まれる場合、法人理事会の承認があれば、当該寄附を保留し、自己財源で借入金の償還を行うことは問題ありません。しかし、寄附がなければ経常収支差額が赤字となる場合には、やはり約定どおり寄附を実行すべきと判断されます。

(iii) 決算処理

> 1　計算書類（貸借対照表・収支計算書）及び附属明細書並びに財産目録は適正に作成されているか。
> （会計基準、経理規程に基づき適切に行われたか。）
> （表示に関して、研究報告第26号により検討したか。）
> （科目、決算額に関して、日税連チェックリストにより検討したか。）

　社会福祉法人の会計においては、財務三表の整合性が最も重要です。他の会計基準にはない仕組みのため、法人全体、拠点区分のいずれにおいても、整合性がとれていることが必要です。

（資金）資金残高が貸借対照表（B/S）と資金収支計算書（C/F）と一致していることを必ず確認して下さい。

　　　　C/F：資金残高＝B/S流動資産－流動負債

　　　（引当金、棚卸資産（貯蔵品以外）、1年基準により振替られたものを除く）

（繰越差額）事業活動計算書（P/L）末尾の次期繰越活動増減差額は、貸借対照表（B/S）資本の部の次期繰越活動増減差額と一致していることを確認して下さい。

〈財務三表の整合性〉

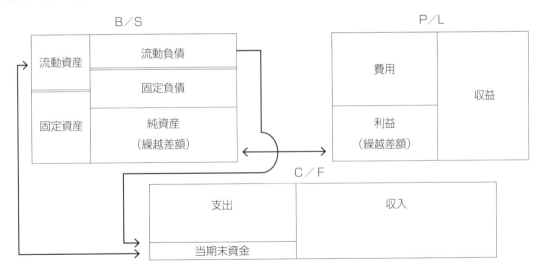

　会計処理における仕訳入力処理は、以下のパターンに分類されます。支出取引を例示しますが、収入取引のパターンも同様に4パターンに分類されます。

〈仕訳パターン〉

パターン		借方				貸方		
①	入力	費 用	PL	50	現金預金	BS	50
	自動	支 出	CF	50	支払資金	CF	50
②	入力	未払金	BS	100	現金預金	BS	100
③	入力	器具備品	BS	60	現金預金	BS	60
	自動	器具備品取得支出	CF	60	支払資金	CF	60
④	入力	減価償却費	PL	9	器具備品	BS	9

モデル経理規程

(会計年度及び計算関係書類及び財産目録)
第4条　当法人の会計年度は毎年4月1日から翌年3月31日までとする。
2　毎会計年度終了後3か月以内に下記計算書類及び第3項に定める附属明細書(以下「計算関係書類」という。)並びに財産目録を作成しなければならない。
3　附属明細書として作成する書類は下記とする。
4　第2項に定める計算関係書類及び財産目録は、消費税及び地方消費税の税込金額を記載する。

会計基準省令による計算書類

		資金収支計算書	事業活動計算書	貸借対照表
計算書類	法人全体	第一号第一様式 法人単位資金収支計算書	第二号第一様式 法人単位事業活動計算書	第三号第一様式 法人単位貸借対照表
	法人全体 (事業区分別)	○○第一号第二様式 資金収支内訳表	○○第二号第二様式 事業活動内訳表	○○第三号第二様式 貸借対照内訳表
	事業区分 (拠点区分別)	◎△第一号第三様式 事業区分　資金収支内訳表	◎△第二号第三様式 事業区分　事業活動内訳表	◎△第三号第三様式 事業区分貸借対照内訳表
	拠点区分 (一つの拠点を表示)	第一号第四様式 拠点区分資金収支計算書	第二号第四様式 拠点区分事業活動計算書	第三号第四様式 拠点区分貸借対照表
附属明細書	サービス区分別 (拠点区分の会計をサービス別に区分表示)	☆別紙3(⑩) 拠点区分資金収支明細書	☆別紙3(⑪) 拠点区分事業活動明細書	

○　事業区分が社会福祉事業のみ法人は、作成を省略できる。
◎　拠点区分が一つの法人の場合、作成を省略できる。
△　事業区分に一つの拠点区分しか存在しない場合、作成を省略できる。
☆　介護保険サービス及び障害福祉サービスを実施する拠点は、☆別紙3(⑪)を作成するものとし、☆

別紙3（⑩）の作成を省略することができる。
　子どものための教育・保育給付費、措置費による事業を実施する拠点は、☆別紙3（⑩）を作成するものとし、☆別紙3（⑪の）作成を省略することができる。
　上記以外の事業を実施する拠点については、☆別紙3（⑩）か☆別紙3（⑪）いずれか一方の明細書を作成するものとし、残る他方の明細書の作成は省略することができる。

		様式等	法人全体で作成	拠点区分ごとに作成
附属明細書	別紙3（①）	借入金明細書	○	
	別紙3（②）	寄附金収益明細書	○	
	別紙3（③）	補助金事業等収益明細書	○	
	別紙3（④）	事業区分間及び拠点区分間繰越金明細書	○	
	別紙3（⑤）	事業区分間及び拠点区分間貸付金（借入金）残高明細書	○	
	別紙3（⑥）	基本金明細書	○	
	別紙3（⑦）	国庫補助金等特別積立金明細書	○	
附属明細書	別紙3（⑧）	基本財産及びその他の固定資産（有形・無形固定資産）の明細書		○
	別紙3（⑨）	引当金明細書		○
	別紙3（⑩）	拠点区分　資金収支明細書		○
	別紙3（⑪）	拠点区分　事業活動明細書		○
	別紙3（⑫）	積立金・積立資産明細書		○
	別紙3（⑬）	サービス区分間繰越金明細書		○
	別紙3（⑭）	サービス区分間貸付金（借入金）残高明細書		○
	別紙3（⑮）	就労支援事業別事業活動明細書		○
	別紙3（⑮—2）	就労支援事業別事業活動明細書（多機能型事業所等用）		○
	別紙3（⑯）	就労支援事業製造原価明細書		○
	別紙3（⑯—2）	就労支援事業製造原価明細書（多機能型事業所等用）		○
	別紙3（⑰）	就労支援事業販管費明細書		○
	別紙3（⑰—2）	就労支援事業販管費明細書（多機能型事業所等用）		○
	別紙3（⑱）	就労支援事業明細書		○
	別紙3（⑱—2）	就労支援事業明細書（多機能型事業所等用）		○
	別紙3（⑲）	授産事業費用明細書		○

2　事業区分、拠点区分、サービス区分の設定は適切に行われているか。

　社会福祉法人は計算書類作成に関して、以下の区分を設けなければなりません。
　　・「事業区分」：社会福祉事業、公益事業、収益事業の区分
　　・「拠点区分」：実施する事業の会計管理の実態を勘案した会計の区分

・「サービス区分」：その拠点で実施する事業の内容に応じた区分

　拠点区分は、原則として、予算管理の単位とし、一体として運営される施設、事業所又は事務所をもって1つの拠点区分とするとされ（運用上の取扱2）、物理的な場所の概念で規定されました。但し、具体的な区分については、法令上の事業種別、事業内容及び実施する事業の会計管理の実態を勘案して区分を設定することから、従来の事業を基礎とした区分の考え方も併存することとなっています。

　公益事業（社会福祉事業と一体的に実施されているものを除く）若しくは収益事業を実施している場合、これらは独立した別の拠点区分とします（留意事項4（1））。

　次の施設の会計は、それぞれの施設ごと（同一種類の施設を複数経営する場合は、それぞれの施設ごと）に独立した拠点区分としなければならないため、同一建物に施設が複数ある場合、複数の拠点区分を設定することになります（留意事項4（2）ア）。

（ア）　生活保護法第38条第1項に定める保護施設
（イ）　身体障害者福祉法第5条第1項に定める社会参加支援施設
（ウ）　老人福祉法第20条の四に定める養護老人ホーム
（エ）　老人福祉法第20条の五に定める特別養護老人ホーム
（オ）　老人福祉法第20条の六に定める軽費老人ホーム
（カ）　老人福祉法第29条第1項に定める有料老人ホーム
（キ）　売春防止法第36条に定める婦人保護施設
（ク）　児童福祉法第7条第1項に定める児童福祉施設
（ケ）　母子及び寡婦福祉法第39条第1項に定める母子福祉施設
（コ）　障害者自立支援法第5条第12項に定める障害者支援施設
（サ）　介護保険法第8条第25項に定める介護老人保健施設
（シ）　医療法第1条の5に定める病院及び診療所（入所施設に附属する医務室を除く）

　なお、当該施設で一体的に実施されている（ア）から（シ）まで以外の社会福祉事業又は公益事業については、イの規定にかかわらず、当該施設の拠点区分に含めて会計を処理することができます。

　障害福祉サービスについては、「指定基準」に規定する一の指定障害福祉サービス事業所若しくは多機能型事業所として取り扱われる複数の事業所又は「指定施設基準」に規定する一の指定障害者支援施設等として取り扱われる複数の施設においては、同一拠点区分として会計を処理することができ、また、これらの事業所又は施設でない場合があっても、会計が一元的に管理されている複数の事業所又は施設においては、同一拠点区分とすることができることから（留意事項4（2）ウ）、拠点をまとめることが可能となります。

例えば、特別養護老人ホームと老人保健施設が同一建物にあった場合でも、それぞれ独立した拠点区分となります。障害者の施設においては、施設入所支援を行う施設（旧入所更生施設）は独立した拠点区分となりますが、就労支援施設は必ずしも独立した拠点区分ではないので、管理上一体として運営される事業所等に該当する場合、施設入所支援を行う施設と就労支援施設を同一の拠点区分とすることができます。

サービス区分は、その拠点で実施する複数の事業について法令等の要請により会計を区分して把握すべきものとされているものについて区分を設定します（運用上の取扱3）。

（1）指定居宅サービスの事業の人員、設備及び運営に関する基準その他介護保険事業の運営に関する基準における会計の区分
（2）障害者自立支援法に基づく指定障害福祉サービスの事業等の人員、設備及び運営に関する基準における会計の区分
（3）子ども・子育て支援法に基づく特定教育・保育施設及び特定地域型保育事業の運営に関する基準における会計の区分

本部会計については、法人の自主的な決定により、拠点区分又はサービス区分とすることができます（留意事項6）。

モデル経理規程

（事業区分、拠点区分及びサービス区分）
第6条 事業区分は社会福祉事業、公益事業及び収益事業とする。
2 拠点区分は予算管理の単位とし、法人本部及び一体として運営される施設、事業所又は事務所をもって1つの拠点区分とする。また、公益事業（社会福祉事業と一体的に実施されているものを除く）又は収益事業については別の拠点区分とする。
3 事業活動の内容を明らかにするために、各拠点区分においてはサービス区分を設け収支計算を行わなければならない。
4 前項までの規定に基づき、当法人において設定する事業区分、拠点区分及びサービス区分は以下のとおりとする。
（法人本部を独立した拠点区分とする場合の例示）
　（1）社会福祉事業区分
　　　① 法人本部拠点区分
　　　② A拠点区分
　　　　ア 特別養護老人ホーム○○園
　　　　イ デイサービスセンター○○○
　　　　ウ 居宅介護支援センター○○○
　　　③ B拠点区分
　　　　ア ○○○保育園

```
            ④ C拠点区分
                ア ○○○児童養護施設
    (2) 公益事業区分
            ① D拠点区分
                ア 有料老人ホーム○○○
    (3) 収益事業区分
            ① E拠点区分
                ア ×××××
```

> 3 共通収益（収入）、共通費用（支出）の配分は、合理的基準に基づいて継続して行われているか。

　事業区分又は拠点区分又はサービス区分に共通する費用（支出）については、合理的な基準に基づいて配分することが求められていますが、配分基準は、費用（支出）項目ごとに、その発生に最も密接に関連する量的基準（例えば、人数、時間、面積等による基準、又はこれらの2つ以上の要素を合わせた複合基準）を選択して適用することされています。

　しかし、留意事項13において、具体的な科目及び配分方法は別添1のとおりとするが、これによりがたい場合は、実態に即した合理的な配分方法によることとして差し支えないとされています。直接関連する費用等に関しては当該区分に計上しますが、共通する費用等については、収益割合で配分する方法も可能です。

　なお、「水道光熱費（支出）」、「燃料費（支出）」、「賃借料（支出）」、「保険料（支出）」については原則、事業費（支出）のみに計上できることとされています。ただし、措置費、保育所運営費の弾力運用が認められないケースでは、事業費（支出）、事務費（支出）双方に計上することとなります。

モデル経理規程

(事業活動計算の方法)
第20条　事業活動計算は、当該会計年度における純資産の増減に基づいて行うものとする。
2　事業活動計算を行うに当たっては、事業区分、拠点区分又はサービス区分ごとに、複数の区分に共通する収益及び費用を合理的な基準に基づいて当該区分に配分するものとする。
(資金収支計算の方法)
第14条　資金収支計算は、当該会計年度における支払資金の増加及び減少に基づいて行うものとする。
2　資金収支計算を行うに当たっては、事業区分、拠点区分又はサービス区分ごとに、複数の区分に共通する収入及び支出を合理的な基準に基づいて当該区分に配分するものとする。

運用上の取扱
7　共通支出及び共通費用の配分について（会計基準省令第14条第2項、第20条第2項関係）
　　資金収支計算及び事業活動計算を行うに当たって、人件費、水道光熱費、減価償却費等、事業区分又は拠点区分又はサービス区分に共通する支出及び費用については、合理的な基準に基づいて配分することになるが、その配分基準は、支出及び費用の項目ごとに、その発生に最も密接に関連する量的基準（例えば、人数、時間、面積等による基準、又はこれらの2つ以上の要素を合わせた複合基準）を選択して適用する。一度選択した配分基準は、状況の変化等により当該基準を適用することが不合理であると認められるようになった場合を除き、継続的に適用するものとする。なお、共通する収入及び収益がある場合には、同様の取扱いをするものとする。

留意事項
13　共通支出及び費用の配分方法
　（1）配分方法について
　　　共通支出及び費用の具体的な科目及び配分方法は別添1のとおりとするが、これによりがたい場合は、実態に即した合理的な配分方法によることとして差し支えない。また、科目が別添1に示すものにない場合は、適宜、類似の科目の考え方を基に配分して差し支えない。なお、どのような配分方法を用いたか分かるように記録しておくことが必要である。
　（2）事務費と事業費の科目の取扱について
　　　「水道光熱費（支出）」、「燃料費（支出）」、「賃借料（支出）」、「保険料（支出）」については原則、事業費（支出）のみに計上できる。ただし、措置費、保育所運営費の弾力運用が認められないケースでは、事業費（支出）、事務費（支出）双方に計上するものとする。

モデル経理規程

（共通収入支出の配分）
第7条　資金収支計算を行うに当たっては、事業区分、拠点区分又はサービス区分に共通する収入及び支出を、合理的な基準に基づいて配分するものとする。
2　事業活動計算を行うに当たっては、事業区分、拠点区分又はサービス区分に共通する収益及び費用を、合理的な基準に基づいて配分するものとする。

4　内部取引及び残高は適切に消去されているか。

　事業区分間・拠点区分間・サービス区分間の収益（収入）・費用（支出）、貸付金・借入金の残高は一致していますか。
　当該社会福祉法人が有する事業区分間、拠点区分間において生ずる内部取引について、異なる事業区分間の取引を事業区分間取引とし、同一事業区分内の拠点区分間の取引を拠点区分間取引という。同一拠点区分内のサービス区分間の取引をサービス区分間取引といいます。会計基準では、すべての内部取引高及び内部貸借取引の残高は相殺消去することとなりました。

1 事業区分間、拠点区分間及びサービス区分間の資金移動と内部取引の消去

【内部取引と相殺消去一覧】

内部取引の発生する区分	勘定科目	内部取引を相殺消去する財務諸表等
同一法人内の事業区分間取引	事業区分間長期借入金収入・事業区分間長期貸付金支出	資金収支内訳表（第1号の2様式）
	事業区分間長期貸付金回収収入・事業区分間長期借入金返済支出	
	事業区分間繰入金収入・事業区分間繰入金支出	
	事業区分間繰入金収益・事業区分間繰入金費用	事業活動内訳表（第2号の2様式）
	事業区分間固定資産移管収益・事業区分間固定資産移管費用	
同一事業区分内の拠点区分間取引	拠点区分間長期借入金収入・拠点区分間長期貸付金支出	事業区分資金収支内訳表（第1号の3様式）
	拠点区分間長期貸付金回収収入・拠点区分間長期借入金返済支出	
	拠点区分間繰入金収入・拠点区分間繰入金支出	
	拠点区分間繰入金収益・拠点区分間繰入金費用	事業区分事業活動内訳表（第2号の3様式）
	拠点区分間固定資産移管収益・拠点区分間固定資産移管費用	
同一拠点区分内のサービス区分間取引	サービス区分間繰入金収入・サービス区分間繰入金支出	拠点区分資金収支明細書（別紙3）
	※（サービス区分間繰入金収益・サービス区分間繰入金費用）	拠点区分事業活動明細書（別紙4）

※「○○拠点区分 事業活動明細書」（別紙4）は、「経常増減差額」までしか表示されないため、「特別増減の部」に記載される「サービス区分間繰入金収益」と「サービス区分間繰入金費用」を「内部取引消去」欄がありません。そのため、これらの取引を任意の形式で内部相殺消去を行う必要があります。

① 事業区分間の資金移動

　事業区分間で繰入金収受がある場合には、次に示すように、支出側は「事業区分間繰入金収益（収入）」、受入側は「事業区分間繰入金費用（支出）」で処理し、資金収支計算書の「その他の活動による収支」、事業活動計算書の「特別増減の部」に計上します。

　例えば、公益事業から社会福祉事業へ1,000,000円を繰入した場合を仕訳で示すと、次のとおりです。

〈支出側：公益事業の仕訳〉

借　方		貸　方	
事業区分間繰入金費用（支出）	1,000,000円	現金預金	1,000,000円

〈受入側：社会福祉事業の仕訳〉

借　方		貸　方	
現金預金	1,000,000円	事業区分間繰入金収益（収入）	1,000,000円

　なお、事業区分間取引により生じる内部取引高は、資金収支内訳表及び事業活動内訳表において相殺消去されます。そのため、上記の仕訳に示された「事業区分間繰入金収益（収入）1,000,000円」及び「事業区分間繰入金費用（支出）1,000,000円」は、次に示すように「資金収支内訳表」（第1号の2様式）及び「事業活動内訳表」（第2号の2様式）において「内部取引消去」されることになります。

第1号の2様式

資金収支内訳表

（自）平成　年　月　日　（至）平成　年　月　日

（単位：円）

		勘定科目	社会福祉事業	公益事業	合　計	内部取引消去	法人合計
その他活動による収支	収入	事業区分間繰入金収入	1,000,000		1,000,000	△1,000,000	0
		その他の活動収入計					
	支出	事業区分間繰入金支出		1,000,000	1,000,000	△1,000,000	0
		その他の活動支出計					
	その他の活動資金収支差額						

第2号の2様式

事業活動内訳表

（自）平成　年　月　日　（至）平成　年　月　日

（単位：円）

		勘定科目	社会福祉事業	公益事業	合計	内部取引消去	法人合計
特別増減の部	収益	事業区分間繰入金収益	1,000,000		1,000,000	△1,000,000	0
		特別収益計					
	費用	事業区分間繰入金費用		1,000,000	1,000,000	△1,000,000	0
		特別費用計					
	特別増減収支差額						

② 拠点区分間の資金移動

　同一事業区分内における拠点区分間で繰入金の収受がある場合には、次に示すように、支出側は「拠点区分間繰入金収益（収入）」、受入側は「拠点区分間繰入金費用（支出）」で処理し、資金収支計算書の「その他の活動による収支」、事業活動計算書の「特別増減の部」に計上します。

　例えば、A拠点（特養）からB拠点（軽費老人）へ1,000,000円を繰入した場合を仕訳で示すと、次のとおりです。

〈支出側：A拠点（特養）の仕訳〉

借　方		貸　方	
拠点区分間繰入金費用（支出）	1,000,000円	現金預金	1,000,000円

〈受入側：B拠点（軽費老人）の仕訳〉

借　方		貸　方	
現金預金	1,000,000円	拠点区分間繰入金収益（収入）	1,000,000円

　なお、拠点区分間取引により生じる内部取引高は、事業区分資金収支内訳表及び事業区分事業活動内訳表において相殺消去されます。そのため、上記の仕訳に示された「拠点区分間繰入金収益（収入）1,000,000円」及び「拠点区分間繰入金費用（支出）1,000,000円」は、次に示すように「社会福祉事業区分　資金収支内訳表」（第1号の3様式）及び「社会福祉事業区分　事業活動内訳表」（第2号の3様式）において「内部取引消去」されることになります。

第1号の3様式

社会福祉事業区分　資金収支内訳表

（自）平成　年　月　日　（至）平成　年　月　日

（単位：円）

		勘定科目	A拠点	B拠点	合計	内部取引消去	事業区分合計
その他活動による収支	収入	拠点区分間繰入金収入		1,000,000	1,000,000	△1,000,000	0
		その他の活動収入計					
	支出	拠点区分間繰入金支出	1,000,000		1,000,000	△1,000,000	0
		その他の活動による支出					
	その他の活動資金収支差額						

第2号の3様式

社会福祉事業区分　事業活動内訳表
(自) 平成　年　月　日　(至) 平成　年　月　日

(単位：円)

	勘定科目		A拠点	B拠点	合計	内部取引消去	事業区分合計
特別増減の部	収益	拠点区分間繰入金収益		1,000,000	1,000,000	△1,000,000	0
		特別収益計					
	費用	拠点区分間繰入金費用	1,000,000		1,000,000	△1,000,000	0
		特別費用計					
	特別増減収支差額						

③　サービス区分間の資金移動

　同一拠点区分内におけるサービス区分間で繰入金の収受がある場合には、次に示すように、支出側は「サービス区分間繰入金収入」、受入側は「サービス区分間繰入金支出」で処理し、資金収支明細書の「その他の活動による収支」に計上します。

　例えば、A拠点区分内にある保育所サービス区分から本部サービス区分へ100,000円を繰入した場合を仕訳（イメージ）で示すと、次のとおりです。

〈支出側：保育所サービスの仕訳〉

借　方	貸　方
サービス区分間繰入金費用（支出）　100,000円	現金預金　　　　　　　　　　　　　100,000円

〈受入側：本部サービスの仕訳〉

借　方	貸　方
現金預金　　　　　　　　　　　　　100,000円	サービス区分間繰入金収益（収入）　100,000円

　なお、サービス区分間取引により生じる内部取引高は、拠点区分資金収支明細書及び拠点区分事業活動明細書において相殺消去されます。そのため、上記の仕訳に示された「サービス区分間繰入金収益（収入）100,000円」及び「サービス区分間繰入金費用（支出）100,000円」は、次に示すように「○○拠点区分　資金収支明細書」（別紙3⑩）「事業活動明細書」（別紙3⑪）において「内部取引消去」されることになります。

　なお、「○○拠点区分事業活動明細書」には、サービス活動増減の部までの記載のため、繰入金収益及び繰入金費用は表示されません。

別紙3

A拠点区分　資金収支明細書
(自)平成　年　月　日　(至)平成　年　月　日

社会福祉法人名

(単位：円)

勘定科目		サービス区分		合計	内部取引消去	拠点区分合計
		特養事業	短期入所事業			
その他活動による収支	収入	サービス区分間繰入金収入		100,000	100,000	△100,000	0
		その他の活動収入計					
	支出	サービス区分間繰入金支出	100,000		100,000	△100,000	0
		その他の活動支出計					
		その他の活動資金収支差額					

また、「運用上の留意事項」は、法人内部における資金移動の状況を明らかにするために、「事業区分間及び拠点区分間繰入金明細書」(別紙3④)「サービス区分間繰入金明細書」(別紙3⑬)を作成することとしています。

2　事業区分間、拠点区分間及びサービス区分間の資金貸借と内部取引の消去

【内部貸借取引と相殺消去一覧】

内部貸借取引の発生する区分	勘定科目	内部取引を相殺消去する財務諸表等
同一法人内の事業区分間残高	1年以内回収予定事業区分間長期貸付金・1年以内返済予定事業区分間長期借入金	貸借対照表内訳表（第3号の2様式）
	事業区分間貸付金・事業区分間借入金	
	事業区分間長期貸付金・事業区分間長期借入金	
同一事業区分内の拠点区分間残高	1年以内回収予定拠点区分間長期貸付金・1年以内返済予定拠点区分間長期借入金	事業区分貸借対照表内訳表（第3号の3様式）
	拠点区分間貸付金・拠点区分間借入金	
	拠点区分間長期貸付金・拠点区分間長期借入金	

① 事業区分間の資金の貸借取引

事業区分間で資金の貸借取引がある場合には、「会計基準注解」は、「当該社会福祉法人の事業区分間における内部貸借取引の残高は、貸借対照表内訳表において相殺消去するものとする。」(注5)と明記しています。

例えば、公益事業から収益事業へ長期借入金500,000円を返済した場合を仕訳で示すと、次のとおりです。

〈貸付側:収益事業の仕訳〉

借　方		貸　方	
現金預金	500,000円	事業区分間長期貸付金	500,000円

〈借入側:公益事業の仕訳〉

借　方		貸　方	
事業区分間長期借入金	500,000円	現金預金	500,000円

第1号の2様式

資金収支内訳表

（自）平成　年　月　日　（至）平成　年　月　日

(単位：円)

		勘定科目	社会福祉事業	公益事業	収益事業	合計	内部取引消去	法人合計
その他の活動による収支	収入	事業区分間長期貸付金回収収入			500,000	500,000	△500,000	0
		その他の活動収入計						
	支出	事業区分間長期借入金返済支出		500,000		500,000	△500,000	0
		その他の活動支出計						
		その他の活動資金収支差額						
		当期資金収支差額合計						

第3号の2様式

貸借対照表内訳表

平成　年　月　日現在

(単位：円)

勘定科目	社会福祉事業	公益事業	収益事業	合計	内部取引消去	法人合計
流動資産						
固定資産						
基本財産						
その他の固定資産						
事業区分間長期貸付金			2,000,000	2,000,000	△2,000,000	0
資産の部合計						
流動負債						
固定負債						
長期運営資金借入金		2,000,000		2,000,000	△2,000,000	0
負債の部合計						
基本金						
純資産の部合計						
負債及び純資産の部合計						

② 拠点区分間の資金の貸借取引

拠点区分間で資金の貸借取引がある場合には、「会計基準注解」は、「当該社会福祉法人の拠点区分間における内部貸借取引の残高は、事業区分貸借対照表内訳表において相殺消去するものとする。」と明記しています。

例えば、社会福祉事業区分内におけるA拠点がB拠点から長期借入金として500,000円を受け取った場合を仕訳で示すと、次のとおりです。

〈貸付側：B拠点の仕訳〉

借　　方		貸　　方	
拠点区分間長期貸付金	500,000円	現金預金	500,000円

〈借入側：A拠点の仕訳〉

借　　方		貸　　方	
現金預金	500,000円	拠点区分間長期借入金	500,000円

社会福祉事業区分　資金収支内訳表
(自)平成　年　月　日　(至)平成　年　月　日

(単位：円)

		勘定科目	A拠点	B拠点	合計	内部取引消去	事業区分合計
その他の活動による収支	収入	拠点区分間長期借入金収入	500,000		500,000	△500,000	0
		その他の活動収入計					
	支出	拠点区分間長期貸付金支出		500,000	500,000	△500,000	0
		その他の活動支出計					
	その他の活動資金収支差額						

第3号の3様式

社会福祉事業区分　貸借対照表内訳表
平成　年　月　日現在

(単位：円)

勘定科目	A拠点	B拠点	合計	内部取引消去	事業区分計
流動資産					
固定資産					
基本財産					
その他の固定資産					
拠点区分間長期貸付金		500,000	500,000	△500,000	0
資産の部合計					
流動負債					
固定負債					
拠点区分間長期借入金	500,000		500,000	△500,000	0
負債の部合計					
基本金					
純資産の部合計					
負債及び純資産の部合計					

　また、法人内部における資金貸借の状況を明らかにするために、事業区分間及び拠点区分間貸付金（借入金）残高明細書」（別紙3⑤）、「サービス区分間貸付金（借入金）残高明細書（別紙3⑭）を作成することとしています。

3　外部取引と同様に処理した内部取引の消去

　「内部取引の相殺消去には、ある事業区分、拠点区分又はサービス区分から他の事業区分、拠点区分又はサービス区分への財貨又はサービスの提供を外部との取引と同様に収益（収入）・費用（支出）として処理した取引も含むものとする。

　例えば、就労支援事業のある拠点区分において製造した物品を他の拠点区分で給食費として消費した場合には、就労支援事業収益（収入）と給食費（支出）を、内部取引消去欄で相殺消去する取扱いをするものとする。」とされています。

　また、その例として「就労支援事業のある拠点区分において製造した物品を他の拠点区分で給食費として消費した場合には、就労支援事業収益（収入）と給食費（支出）を、内部取引消去欄で相殺消去する取扱い」を示しています。

　例えば、社会福祉事業区分内における就労支援事業拠点区分で製造したパン（200,000円分）を同一法人の経営する保育所拠点区分で給食費として消費した場合、内部取引として就

労支援事業拠点区分に「就労支援事業収益(収入)200,000円」と保育所拠点区分に「給食費(支出)200,000円」が計上されていることになります。

この2つの拠点区分間の取引は、内部取引に該当するため、「事業区分資金収支内訳表」及び「事業区分事業活動内訳表」の「内部取引消去欄」で相殺消去する必要があります。

第1号の3様式

社会福祉事業区分　資金収支内訳表

(自)平成　年　月　日　(至)平成　年　月　日

(単位:円)

		勘定科目	保育所拠点	就労支援施設拠点	合計	内部取引消去	事業区分合計
事業活動による収支	収入	保育事業収入	1,000,000		1,000,000		1,000,000
		就労支援事業収入		1,000,000	1,000,000	△200,000	800,000
		事業活動収入計					
	支出	人件費支出					
		事業費支出	600,000	200,000	800,000	△200,000	600,000
		事務費支出					
		事業活動支出計					
	事業活動資金収支差額						

第2号の3様式

社会福祉事業区分　事業活動内訳表

(自)平成　年　月　日　(至)平成　年　月　日

(単位:円)

		勘定科目	保育所拠点	就労支援施設拠点	合計	内部取引消去	事業区分合計
サービス活動増減の部	収益	保育事業収益	1,000,000		1,000,000		1,000,000
		就労支援事業収益		1,000,000	1,000,000	△200,000	800,000
		サービス活動収益計					
	費用	人件費					
		事業費	600,000	200,000	800,000	△200,000	600,000
		事務費					
		サービス活動費用計					
	サービス活動増減差額						

> **会計基準**

（内部取引）
第11条 社会福祉法人は、計算書類の作成に関して、内部取引の相殺消去をするものとする。

> **運用上の取扱い**

4 内部取引の相殺消去について（会計基準省令第11条関係）
　社会福祉法人が有する事業区分間、拠点区分間において生ずる内部取引について、異なる事業区分間の取引を事業区分間取引とし、同一事業区分内の拠点区分間の取引を拠点区分間取引という。同一拠点区分内のサービス区分間の取引をサービス区分間取引という。
　事業区分間取引により生じる内部取引高は、資金収支内訳表及び事業活動内訳表において相殺消去するものとする。当該社会福祉法人の事業区分間における内部貸借取引の残高は、貸借対照表内訳表において相殺消去するものとする。
　また、拠点区分間取引により生じる内部取引高は、事業区分資金収支内訳表及び事業区分事業活動内訳表において相殺消去するものとする。当該社会福祉法人の拠点区分間における内部貸借取引の残高は、事業区分貸借対照表内訳表において相殺消去するものとする。
　なお、サービス区分間取引により生じる内部取引高は、拠点区分資金収支明細書（別紙3（⑩））及び拠点区分事業活動明細書（別紙3（⑪））において相殺消去するものとする。

> **留意事項**

23　内部取引の相殺消去について
　運用上の取り扱い第4に規定する内部取引の相殺消去には、ある事業区分、拠点区分又はサービス区分から他の事業区分、拠点区分又はサービス区分への財貨又はサービスの提供を外部との取引と同様に収益（収入）・費用（支出）として処理した取引も含むものとする。
　例えば、就労支援事業のある拠点区分において製造した物品を他の拠点区分で給食として消費した場合には、就労支援事業収益（収入）と給食費（支出）を、内部取引消去欄で相殺消去する取扱いをするものとする。

5　預金・現金残高は決算書の計上額と一致しているか。
　（現金及び預金の現物確認を実施したか。不一致原因は判明したか。）

　現金については、出金のあった日ごとに、当日の現金を数えて（現金実査）、現金残高を確定させます。その際、必ず金種表を作成してください。昨日の出納簿と照合（当日入出金を考慮）し、過不足のないことを確認してください。

　預金については、まず残高証明と照合してください。さらに、普通預金は期末前後1ヶ月間の通帳を査閲し、異常な取引がないことを確認してください。定期預金は、証書の現物により、預け入れ期間・金額等を確認してください。

> **モデル経理規程**
>
> （金銭の範囲）
> **第22条** この規程において、金銭とは現金、預金、貯金をいう。
> 2 現金とは、貨幣、小切手、紙幣、郵便為替証書、郵便振替貯金払出証書、官公庁の支払通知書等をいう。
>
> （残高の確認）
> **第30条** 出納職員は、現金について、毎日の現金出納終了後、その残高と帳簿残高を照合し、会計責任者に報告しなければならない。
> 2 出納職員は、預貯金について、毎月末日、取引金融機関の残高と帳簿残高とを照合し、当座預金について差額がある場合には当座預金残高調整表を作成して、会計責任者に報告しなければならない。
> 3 前二項の規定により報告を受けた会計責任者はその事実の内容を確認しなければならない。
>
> （金銭過不足）
> **第31条** 現金に過不足が生じたとき、出納職員は、すみやかに原因を調査したうえ、遅滞なく会計責任者に報告し、必要な指示を受けるものとする。
> 2 前項の規定により報告を受けた会計責任者はその事実の内容を確認しなければならない。

6 事業未収金の残高内訳と請求明細を照合しているか。
（3ヶ月以前の未収金はないか。入金予定を確認しているか。）

　事業未収金とは、事業収益に対する未収入金をいい、事業収益以外の収益に対する未収入金である未収金や施設整備、設備整備及び事業に係る補助金等の未収額である未収補助金と区分して計上されることとなりました。

　介護保険事業収益、支援費収益などは、2月サービス提供分と3月サービス提供分は決算上未収となります。この2ヶ月分と1月以前サービス提供分のうち、3月末現在で未入金のものが決算上、事業未収金として計上されます。

　また、3月サービス提供分は、利用者負担分を含め、通常未入金となるため、事業未収金に計上されることになります。

　この事業未収金に対して、回収に問題があるものが含まれていないことを確認してください。

　回収可能性に疑義がある場合、徴収不能の処理又は徴収不能引当金の計上の要否を検討する必要があります。

モデル経理規程

(債権債務の残高確認)
第35条　会計責任者は、毎月末日における債権及び債務の残高の内訳を調査し、必要がある場合には、取引の相手先に対し、残高の確認を行わなければならない。
2　前項の調査の結果、相手先の残高との間に原因不明の差額があることが判明した場合には、遅滞なく統括会計責任者に報告し、措置に関する指示を受けなければならない。
(債権の回収・債務の支払い)
第36条　会計責任者は、毎月、期限どおりの回収又は支払いが行われていることを確認し、期限どおりに履行されていないものがある場合には、遅滞なく統括会計責任者に報告し、適切な措置をとらなければならない。
(債権の免除等)
第37条　当法人の債権は、その全部もしくは一部を免除し、又はその契約条件を変更することはできない。ただし、理事長が当法人に有利であると認めるとき、その他やむを得ない特別の理由があると認めたときはこの限りでない。

7　未収金補助金の請求に誤りはないか。期末日以降の入金額を確認しているか。

　施設整備等の補助金については、行政等からの決定通知で金額が確定しますが、出納閉鎖の関係から入金が４月末頃になることが一般的です。決定通知書及び入金の確認により、未収補助金計上額の妥当性を確認してください。

　その際、決算日現在、補助金は未入金ですが、施設整備補助金収益に計上した上で、国庫補助金等特別積立金への積立が必要となります。同時に、固定資産等への計上処理を行いますが、減価償却の開始は事業の用に供した時のため、４月１日事業開始の場合、翌期４月からの減価償却費の計上となり、国庫補助金等特別積立金の取崩も翌期４月からとなります。

8　就労販売収益における事業未収金等の計上日と入金日を確認しているか。

　就労事業の販売収益や収益事業における販売収益に対する事業未収金については、商品の出荷により収益計上することになります。その収益計上日の妥当性の検討と決算日以降の入金状況の確認が必要です。なお、委託販売契約に関しては、委託商品等の在庫確認も必要となります。

9　その他流動資産の内容と精算状況を確認しているか。

　立替金・仮払金等その他流動資産は、決算上、一時的な勘定科目であり、通常１～２ヶ月で精算されます。従って、決算書作成時点での精算状況の確認が重要です。１年以上前から未精算であれば、原因を確認し、再度会計処理を検討する必要があります。

前払費用は、長期前払費用の１年基準による振替の場合と、当初から１年内の前払費用の場合があり、資金収支に影響するため、確認が必要です。また、資金の前渡しの前払金との区別も必要です。

10　固定資産価額は固定資産台帳と一致しているか。

　土地、建物等の不動産を所有又は賃借して、社会福祉事業を実施するため、その管理が重要です。補助金等を財源として固定資産を取得等するため、固定資産の管理が必須となります。固定資産台帳を整備し、物品等を適切に管理し、会計上、適正に処理する必要があります。

　固定資産の現物確認を定期的に実施し、処分・異動を固定資産管理台帳に適切に記録して下さい。除却の場合、処分損等の計上処理が必要です。

　固定資産の売却において、売却手続・売却処理（売却収入・売却損益）を確認します。損害保険等の付保状況、火災保険・自動車保険等の期間・金額等の内容を確認してください。

　賃貸借不動産はありませんか。賃貸借の手続、貸与・借用資産の管理責任・付保状況等を確認してください。

11　減価償却の計算は適切に行われているか。
　　勘定科目、取得価額、償却方法、耐用年数等に留意すること。

　固定資産の取得価額、減価償却方法、耐用年数等を確認して下さい。

　固定資産の取得手続については、基本財産は理事会の承認が必要であり、基本財産以外は理事長の承認が必要です。また、入札の実施、随意契約の場合３社（又は２社）以上の見積書を比較しているか否か確認してください。

　固定資産の資産計上額は適正ですか。１個１式10万円以上の資産をもれなく計上していますか。購入・製作の付随費用の処理、寄付等により取得した場合の時価、交換資産の簿価を確認しましたか。なお、勘定科目・耐用年数を確認してください。

　資本的支出に該当する改修等はありませんか。計上額の妥当性を検討しましたか。

モデル経理規程

（減価償却）
第53条 固定資産のうち、時の経過又は使用によりその価値が減少するもの（以下「減価償却資産」という。）については〇〇法による減価償却を実施する。（注27）
2　減価償却資産の残存価額はゼロとし、償却累計額が当該資産の取得価額から備忘価額（1円）を控除した金額に達するまで償却するものとする。ただし、平成19年3月31日以前に取得した有形固定資産については、残存価額を取得価額の10％として償却を行い、耐用年数到来後も使用する場合には、備忘価額（1円）まで償却するものとする。
3　ソフトウエア等の無形固定資産については、残存価額をゼロとし、定額法による減価償却を実施する。
4　減価償却資産の耐用年数は、「減価償却資産の耐用年数等に関する省令」（昭和40年3月31日大蔵省令第15号）によるものとする。
5　減価償却資産は、その取得価額から減価償却累計額を直接控除した価額をもって貸借対照表に計上し、減価償却累計額を注記するものとする。

＊平成19年4月1日以降に取得した資産は、残存価額ゼロで計算してください。また、平成19年3月31日時点で帳簿価額が取得価額の10％に達している資産についても、19年度以降償却を再開し、1年間の償却額を償却してください。定額法償却の場合、耐用年数10年未満の資産は、19年度末において備忘価額の1円となります。

（例）車輌　200万円　残存価額なし　耐用年数5年　定額法

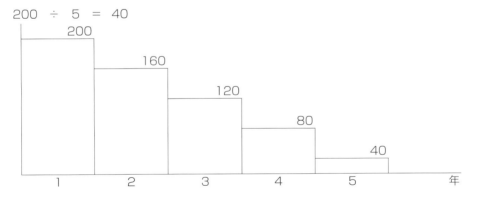

> 12 リース資産、リース債務の計上額の妥当性を検討しているか。
> （賃借料処理できるものを除く。）

リース契約がある場合、リース契約資産の一覧表を入手・作成し、現物管理状況・契約内容（対象資産・期間・相手先・支払総額・月額リース料等）を確認しましたか。その契約手続は適正ですか。

（1）ファイナンス・リース取引

「ファイナンス・リース取引」とは、リース契約に基づくリース期間の中途において当該契約を解除することができないリース取引又はこれに準ずるリース取引で、借手が、当該契約に基づき使用する物件（以下「リース物件」という。）からもたらされる経済的利益を実質的に享受することができ、かつ、当該リース物件の使用に伴って生じるコストを実質的に負担することとなるリース取引をいいます。

このファイナンス・リース取引については、原則として、通常の売買取引に係る方法に準じた会計処理となりますが、リース資産の取得価額及びリース債務の計上額については、原則として、リース料総額から利息相当額を控除するものとする。この場合の利息相当額は、原則として、利息法（各期の支払利息相当額をリース債務の未返済元本残高に一定の利率を乗じて算定する方法）によるものとされています。

（2）オペレーティング・リース取引

オペレーティング・リース取引とは、ファイナンス・リース取引以外のリース取引をいい、通常の賃貸借取引に係る方法に準じて会計処理を行います。

（3）所有権移転外ファイナンス・リース

① 移行時の取扱

リース取引開始日が会計基準移行年度前の所有権移転外ファイナンス・リース取引で、従来賃貸借処理を行っていたものについては、当該リース契約が終了するまでの期間、引き続き賃貸借処理によることができますが、以下の注記が必要となります。

[注記の記載例]

> 2．重要な会計方針
> ・
> （X）新会計基準適用初年度開始前の所有権移転外ファイナンス・リース取引引き続き通常の賃貸借処理に係る方法に準じた会計処理を適用している。
> ・
> ○．新会計基準適用初年度開始前のファイナンス・リース取引関係
> （1）未経過リース料期末残高相当額と当期の支払リース料
>
> | | 1年以内 | 1年超 | 合計 |
> |---|---|---|---|
> | 未経過リース料期末残高相当額 | 15,907 | 35,699 | 51,606 |
>
> | | | |
> |---|---|---|
> | 支払リース料 | | 20,000 |

② 移行後の取扱

　リース契約1件当たりのリース料総額（維持管理費用相当額又は通常の保守等の役務提供相当額のリース料総額に占める割合が重要な場合には、その合理的見積額を除くことができる。）が300万円以下のリース取引等少額のリース資産や、リース期間が1年以内のリース取引についてはオペレーティング・リース取引の会計処理に準じて資産計上又は注記を省略することができます。

　なお、**利息相当額を控除する場合、各期への配分額は、**リース資産総額に重要性が乏しいと認められる場合は、次のいずれかの方法を適用することができる。

① 運用上の取扱8の定めによらず、リース料総額から利息相当額の合理的な見積額を控除しない方法によることができる。この場合、リース資産及びリース債務は、リース料総額で計上され、支払利息は計上されず、減価償却費のみが計上される。

② 運用上の取扱8の定めによらず、利息相当額の総額をリース期間中の各期に配分する方法として、定額法を採用することができる。（後略）

[設例] リース取引（利息相当額の各期への配分について）

（前提条件）
ⅰ 所有権移転外ファイナンス・リース取引に該当する。
ⅱ リース期間：5年
ⅲ リース料：月額1,500千円　毎月月末払い、リース料総額：90,000千円
ⅳ リース料総額の現在価値より見積購入価額が低いものと仮定する。
　　見積購入価額：75,000千円

① 賃借料処理（従来の方法）　仕訳省略

② リース料総額から利息相当額の合理的な見積額を控除しない方法

（単位:千円）

日付	借　方		貸　方	
H26.4.1	有形リース資産	90,000	リース債務	90,000
H26.4.30	リース債務	1,500	現金預金	1,500
H26.5.31	リース債務	1,500	現金預金	1,500
⋮	⋮	⋮	⋮	⋮
期末	減価償却費	18,000	有形リース資産	18,000
期末	リース債務	18,000	1年以内返済予定リース債務	18,000

③ 定額法（利息相当額の総額をリース期間中の各期に配分する方法）、**利息法（原則法）**

記載省略

モデル経理規程

（リース会計）
第49条　ファイナンス・リース取引については、通常の売買取引に係る方法に準じて会計処理を行うこととする。また、利息相当額の各期への配分方法は利息法とする。ただし、リース契約1件あたりのリース料総額が300万円以下又はリース期間が1年以内のファイナンス・リース取引については、通常の賃貸借取引に係る方法に準じて会計処理を行うことができる。
2　リース資産総額に重要性が乏しいと認められる場合には、利息相当額の各期への配分方法は、前項の規定にかかわらず、定額法によることができる。
3　前項に定める、リース資産総額に重要性が乏しいと認められる場合とは、未経過リース料の期末残高（賃貸借処理に係る方法に準じて会計処理を行うこととしたもののリース料、第1項又は第2項に定める利息相当額を除く。）が、当該期末残高、有形固定資産及び無形固定資産の期末残高の法人全体の合計額に占める割合が10％未満である場合とする。
4　オペレーティング・リース取引については、通常の賃貸借取引に係る方法に準じて会計処理を行うこととする。

13 その他積立資産の内容、金額及び積立金との整合性を検討しているか。

　その他積立金の積立額・取崩額・残高を確認しましたか。理事会の決議により積み立てるべき積立金の有無を確認しましたか。対応する積立資産の計上・取崩を確認しましたか。

会計基準

(純資産)
第6条
3　その他の積立金には、将来の特定の目的の費用又は損失に備えるため、理事会の議決に基づき事業活動計算書の当期末繰越活動増減差額から積立金として積み立てた額を計上するものとする。

運用上の取扱い

19　積立金と積立資産の関係について
　当期末繰越活動増減差額にその他の積立金取崩額を加算した額に余剰が生じた場合には、その範囲内で将来の特定の目的のために積立金を積み立てることができるものとする。積立金を計上する際は、積立ての目的を示す名称を付し、同額の積立資産を積み立てるものとする。
　また、積立金に対応する積立資産を取崩す場合には、当該積立金を同額取崩すものとする。

留意事項

19　積立金と積立資産について
(1) 積立資産の積立て
　運用上の取扱19において積立金を計上する際は同額の積立資産を積み立てることとしているが、資金管理上の理由等から積立資産の積立てが必要とされる場合には、その名称・理由を明確化した上で積立金を積み立てずに積立資産を計上できるものとする (別紙3⑫「積立金・積立資産明細書」参照)。
(2) 積立資産の積立ての時期
　積立金と積立資産の積立ては、増減差額の発生した年度の計算書類に反映させるのであるが、専用の預金口座で管理する場合は、遅くとも決算理事会終了後2か月を越えないうちに行うものとする。

14　工賃変動積立資産、設備整備積立資産の内容、金額及び積立金との整合性を検討しているか。

　就労支援事業に関する積立については、就労基準から取扱に変更ありません。
　　ア　工賃変動積立金 (限度額)
　　　　・各事業年度における積立額：過去3年間の平均工賃の10%以内
　　　　・積立額の上限額：過去3年間の平均工賃の50%以内
　　イ　設備等整備積立金

・各事業年度における積立額：就労支援事業収入の10％以内

・積立額の上限額：就労支援事業資産の取得価額の75％以内

＊　3年間の規定はありません。

　ウ　積立金の流用及び繰替使用

　　　積立金は、原則として、他の目的のための支出への流用（積立資産の取崩）は認められません。しかし、積立金に対応する資金の一部を一時繰替使用することができるものとする。

　　　ただし、繰替えて使用した資金は、自立支援給付費収入により必ず補填することとし、積立金の目的の達成に支障を来さないように留意すること。

| 15　有価証券・投資有価証券の計上額の妥当性を検討しているか。 |
| 　満期保有目的の債券の会計処理に留意すること。 |

　会計基準では、満期保有目的の債券等については、償却原価法に基づいて算定された価額をもって貸借対照表価額となりました。

　また、上記以外の通常の有価証券のうち市場価格のあるものについては、時価をもって貸借対照表価額としなければなりません。

(1) 満期保有目的の債券

　償却原価法を適用するものに係る会計基準移行年度期首の帳簿価額と取得時から償却原価法を適用したこととして算定した移行年度期首の帳簿価額との差額は、過年度の収益又は費用等として調整します。

なお、重要性がない場合には償却原価法を適用しないことができます(運用上の取扱い1(4))。

　その場合、購入時の取得価額で計上することとなります。

［設例］

移行前から所有する満期保有目的の債券に、償却原価法を適用する場合

（前提条件）

　Ｘ１年４月１日に満期まで所有する意思をもって9,600で取得

　券面額　10,000

　満期日　Ｘ９年３月31日

　会計基準移行日　Ｘ４年４月１日

　償却原価法は定額法

(移行年度期首：PLとBSに関する仕訳例)

| 投資有価証券（BS） | 150 | 会計基準移行に伴う受取利息配当金収益調整額（PL） | 150 |

（＊）（10,000－9,600）÷8年×3年（X1年4月1日～X4年4月1日）＝150

(移行年度期末以降X9年までの決算時：PLとBSに関する仕訳例)

| 投資有価証券（BS） | 50 | 受取利息配当金収益（PL） | 50 |

（＊1）（10,000－9,600）÷8年＝50
（＊2）なお、券面額に比して取得価額が高い場合には、通常その差額は受取利息配当金収益のマイナス（借方計上）として調整する。

（2）満期保有目的以外の有価証券

　所有する有価証券のうち、時価評価を適用するものに係る会計基準移行年度の前年度末の帳簿価額と前年度末の時価との差額は、過年度の収益又は費用等として調整します。なお、移行後の年度においても、決算において期末時の時価で計上することとなります。

16　事業未払金の残高内訳と請求書を照合しているか。
　　（前月以前の未払金の支払状況を検討したか。）

　事業未払金とは、事業活動に伴う未払債務をいいますが、工事代金等の施設整備等未払金は除きます。施設整備等未払金は、その他の未払金に計上されます。

　事業未払金は、残高内訳を作成した上で、請求書等との照合が必要です。物品購入時に納品書を基に経費計上、事業未払金計上した場合、業者が請求を失念することがありますが、数年間未払で残り、業者と連絡がつかない等の状況であれば、債務の切り捨て処理も検討する必要があります。事業未払金が長期滞留するのは、通常経費の二重計上が考えられるため、その場合、確認のうえ収益計上処理を行って下さい。

　また、4月以降の多額の支払いの中で、当期帰属分がないことの確認が重要です。多額の簿外債務となり、決算の修正の再検討が必要となります。

17　その他の未払金の内容、計上日、金額を確認しているか。

　その他の未払金は、毎期経常的に発生する購入取引によるものではなく、単発取引が通常です。従って、契約書の確認と納品・引渡等の確認により、計上額及び計上日の妥当性を検討します。

| 18　借入金の残高、返済状況と科目処理、金額を検討しているか。 |

　独立行政法人福祉医療機構からの借入金に関しては、返済計画表により期末借入金残高を確認して下さい。1年内償還予定設備資金借入金の金額と設備資金借入金元金償還支出の計上額の確認も必要です。

　市中銀行からの借入金に関しては、金利の変動による元金償還額の変動があるため、期末時の借入金残高を必ず確認して下さい。

| 19　その他流動負債の内容、金額、精算状況を確認しているか。 |

　職員預り金は、職員の源泉所得税・住民税、法定福利費の本人負担額等です。源泉所得税・住民税は、翌月以降の納付状況により残高の確認を行って下さい。社会保険料等の本人負担分は、採用当初の職員給与からの預かりになりますが、月ズレが発生することがあるため、注意が必要です。

| 20　徴収不能引当金、賞与引当金の計上額の妥当性を検討しているか。 |

　徴収不能引当金を確認して下さい。貸倒実績により、繰入額・戻入額・残高をすべて検討する必要があります。

　賞与引当金は計上されていますか。賞与支給の計算期間を確認した上で、賞与引当金の計上額を確認する必要があります。

　これまで、退職共済における退職給与引当金以外の引当金を計上している法人は、ほとんどなかったと思われます。しかし、福祉施設における人件費の重要性等を鑑み、賞与引当金の計上は必須と考えられます。

【給与、賞与、賞与引当金】

　　職員俸給、職員諸手当（PL.CF）　→　（PL）職員給与、職員賞与
　　　　　　　　　　　　　　　　　　　（CF）職員給与支出、職員賞与支出

なお、夏期賞与の支給時の処理は、以下のようになります。

賞与引当金（BS）	600	現金預金（BS）	900
職員賞与　（PL）	300		

その結果、賞与引当金戻入という科目は計上されず、資金仕訳は以下のようになります。

職員賞与支出（PL）	900	支払資金（CF）	900

| 21 | 退職給付引当金の計上額及び引当資産との整合性を検討しているか。 |

　退職共済制度の内容を確認して下さい。独立行政法人福祉医療機構の退職共済（社会福祉施設職員等退職手当共済法）、都道府県の職員退職共済制度、法人独自の退職金制度のいずれの制度に加入しているか確認が必要です。福祉医療機構の共済は、退職給付費用（PL）及び退職給付支出（CF）で計上しますが、都道府県退職共済は退職給付引当資産と退職給付引当金の計上となります。

　都道府県退職共済制度については、退職共済預け金、退職給与引当金共に掛金累計額で計上する方法を採用することが多かった。この方法を継続する場合、退職給付引当資産、退職給付引当金共に掛金累計額で計上することとなり、勘定科目に注意が必要です。

　また、独自に退職金制度等を設けている場合においては、重要性が乏しいと認められる等の場合、期末要支給額で退職給付引当金を計上することとなりますが（留意事項21ア）、退職給付引当金を新たに計上する場合の会計基準変更時差異については、会計基準移行年度から15年以内の一定の年数にわたり定額法により費用処理するものとされています。

① 福祉医療機構退職金
　　退職共済掛金（PL、CF）　→　退職給付費用（PL）　退職給付支出（CF）

② 退職給付引当金と退職給付引当資産
　　退職共済預け金支出（CF）→　退職給付引当資産支出（CF）
　　退職給与引当金繰入（PL）→　退職給付費用（PL）
　　退職給与引当金戻入（PL）→　なし

（支給時）

現金預金（BS）	330	退職給付引当資産（BS）	300
		その他の収益（PL）	30

退職給付引当金（BS）	300	現金預金（BS）	330
退職給付費用（PL）	30		

なお、資金仕訳は以下のようになります。

支払資金（CF）	330	退職給付引当資産取崩収入（CF）	300
		その他の収入（CF）	30
退職給付支出（CF）	330	支払資金（CF）	330

〈注記例〉

```
２．重要な会計方針　（注）
（３）退職給付引当金・当法人（または当拠点区分）で採用している○○県の退職共済制度に基づき、
当期末における○○県○○会への法人負担の掛金累計額を計上している。


４．（法人の）採用する退職給付制度　（注）
当法人（または当拠点区分）は、独立行政法人福祉医療機構の実施する退職共済制度及び○○県○○会
の実施する退職共済制度を採用している。
```

22　基本金残高、組入額、取崩額の妥当性を検討しているか。

　社会福祉法人の設立並びに施設の創設及び増築等のために基本財産等を取得すべきものとして指定された寄附金の有無、及び当該借入金償還のための寄附金の有無を確認し、基本金組入の要否を検討する必要があります。定款の規定に基づく組入による基本金は計上されていませんか。基本金の取崩は、対象である事業の廃止かつ財産の処分の場合に限られます。

　４号基本金は廃止されたため、移行に当たり全額取り崩します。取崩金額は事業活動計算書上繰越活動増減差額の部に「基本金取崩額・第４号基本金取崩額」という勘定科目を設けて計上します。

　従来、４号基本金は利益処分に相当する基本金の組入でしたが、ほとんどの法人で４号基本金は計上されていませんでした。例外的に４号基本金を計上していた法人は、廃止に伴い取崩が必要となりました。

（３）基本金

　基本金には、社会福祉法人が事業開始に当たって財源として受け取った寄附金の額を計上するものとする「第４章４（２）」。
　　１号基本金：施設創設等のために基本財産等を取得するための寄附金
　　２号基本金：上記資産の取得等に係る借入金の元金償還のための寄附金
　　３号基本金：施設創設時などに運転資金のための寄附金

・(積立) 建設資金10,000千円の寄附

| 退職給付引当金(BS) | 10,000 | (貸) 施設整備等寄附金収益 | 10,000 |
| (借) 基本金組入額 | 10,000 | (貸) 基本金 | 10,000 |

・(取崩) 事業廃止かつ対象資産の廃棄等、簿価10,000千円、基本金20,000千円

| (借) 建物処分損 | 10,000 | (貸) 建物 | 10,000 |
| (借) 基本金 | 20,000 | (貸) 基本金取崩額 | 20,000 |

・(移行) 4号基本金2,000千円の取崩

| (借) 基本金 | 2,000 | (貸) 基本金取崩額 | 2,000 |

23 国庫補助金等特別積立金の積立、取崩は適切か。

　国庫補助金等特別積立金の積立・取崩・残高の確認が必要です。主として固定資産の取得に充てられることを目的として、国及び地方公共団体等から受領した補助金・助成金・交付金については、国庫補助金等特別積立金への積立が必要です。国庫補助金等特別積立金の対象である基本財産が処分された場合、取崩が必要となります。固定資産管理台帳へ登録し、台帳と決算書の整合性を確認してください。

　旧会計基準と指導指針の相違点として、国庫補助金取崩の問題がありました。23年基準から処理が統一されることとなりましたが、原則として固定資産の減価償却累計額と国庫補助金等特別積立金取崩額との調整について、<u>重要性が乏しい場合には、調整処理は不要です。</u>

　減価償却費に対応する国庫補助金等特別積立金取崩額は、国庫補助金等特別積立金の額を耐用年数で除した金額とすることとされていた為、<u>平成19年3月31日以前に取得した固定資産については、耐用年数到来時には、当該固定資産の帳簿価額は取得価額の10％となるが、国庫補助金等特別積立金の帳簿価額はゼロとなる状況が生じていた。</u>

　これに対し、会計基準では、<u>国庫補助金等特別積立金取崩額は、支出対象経費(主として、減価償却費をいう。)の期間費用計上に対応して行う計算方法とされた</u>ことに伴い、固定資産の減価償却計算と国庫補助金等特別積立金の取崩計算における算式は同様のものを使用する。

　なお、国庫補助金の積立対象が、基本金と同様、固定資産の限定がなくなりました。そのため、当該年度で経費計上する器具什器に対する補助金等も一度国庫補助金等特別積立金に積みたてた上で、同年度において取崩します。その際、勘定科目は国庫補助金等特別積立金取崩額に含め、減価償却相当額の取崩と同様の扱いになりました。

［設例］

建物の建設資金として国等から63百万円、家族会から42百万円の寄附金を受け入れた。100百万円を建物建築代金として支払、残り５百万円は１個10万円未満の初度設備を購入した。なお、国庫補助金等特別積立金は、建物分２百万円と初度設備分３百万円を取り崩す。

（借方）	現金　預金	105	（貸方）	施設整備等補助金収入	63
				施設整備等寄附金収入	42
（借方）	建　　物	100	（貸方）	現金　預金	105
	器具什器費	5			
（借方）	基本金組入額	42	（貸方）	基　本　金	42
（借方）	国庫補助金等特別積立金積立額	63	（貸方）	国庫補助金等特別積立金	63
（借方）	国庫補助金等特別積立金	5	（貸方）	国庫補助金等特別積立金取崩額	5

　「設備資金借入金元金償還補助金」について、旧会計基準では、国庫補助金等特別積立金の積立対象とはされていませんでしたが、会計基準では、設備資金借入金元金償還補助金は国庫補助金等特別積立金の積立対象とされました。

　会計基準移行年度において償還補助金の対象となっている固定資産の耐用年数のほとんどが経過している等により、会計基準移行年度以降の取崩金額に重要性が乏しい場合には、当該補助金に係る国庫補助金等特別積立金の計上を行わないことができます。

　なお、会計基準への移行適用に当たっての国庫補助金等特別積立金に計上する場合、国庫補助金等がいまだ入金されていない金額を含んで取崩しが先行するため、すでに入金済みの国庫補助金等の総額から、償還補助予定額の総額を基礎として会計基準移行度期首までの経過期間の減価償却累計額に対応する国庫補助金等特別積立金取崩額の累計額を控除して算出します。

　また、会計基準移行年度においては特段の調整処理を行わず、移行年度以降の会計年度において受領する設備資金借入金元金償還補助金について、受領会計年度で国庫補助金等特別積立金へ積み立て、移行年度以降において入金が予定されている設備資金借入金元金償還補助金の合計金額（以下、補助金合計金額という）を基礎として支出対象経費（主として、減価償却費をいう。）の期間費用計上額に対応した金額を取り崩すこともできます。

　さらに、移行年度以降の会計年度において入金が予定されている設備資金元金償還補助金の額について重要性が乏しい場合、各会計年度に受領する設備資金借入金元金償還補助金を国庫補助金等特別積立金に積み立て後、受領額全額を国庫補助金等特別積立金取崩額として計上することもできます。

［設例］

建物の建設資金として国等から60百万円を受入し、福祉医療機構から40百万円を借り入れた。100百万円を建物建築代金として支払した。福祉医療機構からの借入金に対し、償還補助として2百万円／年を受け入れることとなった。なお、国庫補助金等特別積立金の取崩は25年、各年度、当初分2.4百万円と償還補助分1.6百万円となる。

（借方）現金　預金	100	（貸方）施設整備等補助金収入	60
		設備資金借入金収入	40
（借方）建　　　物	100	（貸方）現金　預金	100
（借方）国庫補助金等特別積立金積立額	60	（貸方）国庫補助金等特別積立金	60
（借方）現金　預金	2	（貸方）施設整備等補助金収入	2
（借方）国庫補助金等特別積立金積立額	2	（貸方）国庫補助金等特別積立金	2
（借方）国庫補助金等特別積立金	4	（貸方）国庫補助金等特別積立金取崩額	4

24　貸借対照表残高について、資産の計上過大又は債務の計上もれはないか。

　資産については、その実在性と評価の妥当性を確認することが必要です。架空資産の計上、特に前期以前から計上されたままになっている資産はありませんか。その計上額を確認して下さい。

　負債については、もれなく計上されていることを確認して下さい。期末日以降の支払を確認し、多額の支払いについては、期間帰属を検討する必要があります。前期以前から計上されたままになっている負債があれば、経費の2重計上の有無を確認した上で、」会計処理を検討することになります。

25　収入・支出は適正に行われているか。
　　（収入要件、加算要件を検討したか。事業による最低基準、加算基準に留意すること。）
　　（支出制限の有無、支出手続の妥当性を検討したか。資金の使途制限通知に留意すること。）

　介護保険事業収益（収入）・老人福祉事業収益（収入）などの区分に誤りはありませんか。中区分、小区分の科目処理は合っていましたか。その他の事業収益（収入）、補助金事業収益（収入）、受託事業収益（収入）の処理を確認して下さい。施設基準等の遵守状況、加算額請求の可否等を確認し、資格要件に関しては、必ず原本による確認を行って下さい。返戻・保留等の会計処理を検討して下さい。

　利用者負担金の請求額・入金額を確認した上で、事業未収金の回収可能性を検討して下さ

い。事業未収金の年齢調べ（発生年月日）を行い、回収可能性が乏しい場合、引当金計上の要否、貸倒処理の必要性を検討して下さい。

　資金の使途制限の通知において、原則として制限を設けないと規定されています。しかし、収益事業への経費、法人外への資金の流出、高額な役員報酬など実質的な剰余金の配当と認められる経費への充当は認められていません。なお、一時繰替使用することは、年度内清算を条件に認められています。

　土地建物賃借料は適正に処理されていますか。保育所においては賃借料科目に含まれていないことを確認してください。

　業務委託費の処理は適正ですか。手数料・給食材料費等が含まれていませんか。介護老人福祉施設においては保守料を区分掲記していますか。

　その他の支出経費について、支払手続・支出科目・金額・計上時期に誤りはありませんか。

　就労支援施設における利用者工賃の処理は適正ですか。原則として事業収入から必要経費を控除した額をすべて工賃として支払っていますか（社援保発23号・障障発12号ほか）。

　なお、工賃変動積立預金等に積立支出することができます。

モデル経理規程

（収入の手続）
第22条　金銭の収納に際して、出納職員は、所定の用紙に所定の印を押した領収書を発行するものとする。
2　銀行、郵便局等の金融機関への振込の方法により入金が行われた場合で、前項に規定する領収書の発行の要求がない場合には、領収書の発行を省略することができる。
（支出の手続）
第25条　金銭の支払は、受領する権利を有する者からの請求書、その他取引を証する書類に基づいて行う。
2　金銭の支払を行う場合には、会計責任者の承認を得て行わなければならない。
3　金銭の支払については、受領する権利を有する者の署名又は記名捺印のある領収書を受け取らなければならない。
4　銀行、郵便局等の金融機関からの振込の方法により支払を行った場合で、領収書の入手を必要としないと認められるときは、前項の規定にかかわらず、振込を証する書類によって前項の領収書に代えることができる。

26　現物寄附について、科目、金額等の妥当性を検討しているか。

　固定資産の現物寄附はありませんか。寄附申込の手続、受入の価額を確認してください。

　10万円以上の物品で1年以上使用する資産を受け入れた場合、固定資産受贈額で計上します。10万円未満の現物寄附の場合、経常経費寄付金収入及び経常経費寄付金収益に計上することとされています。そのため、器具什器に該当する物品であれば、事務消耗品費（事務費）及び事務消耗品費支出（事務費支出）に計上されることとなります。

モデル経理規程

(寄附金品の受入手続)
第24条 寄附金品を受け入れた場合には、会計責任者は、寄付者が作成した寄附申込書に基づき、寄附者、寄附金額及び寄附の目的を明らかにして統括会計責任者に報告するとともに、理事長又は理事長から権限移譲を受けた者の承認を受けなければならない。

27 注記は適正に記載されているか。
（法人全体注記の記載もれはないか。）
（拠点区分注記の記載もれはないか。）

注記項目は、原則すべて記載することになっていますが、一部、項目を削除することができます。

注記事項	法人全体	拠点区分	該当がない場合
1　継続事業の前提に関する注記	○	×	項目記載不要
2　重要な会計方針	○	○	「該当なし」と記載
3　重要な会計方針の変更	○	○	項目記載不要
4　法人で採用する退職給付制度	○	○	「該当なし」と記載
5　法人が作成する計算書類と拠点区分、サービス区分	○	○	「該当なし」と記載
6　基本財産の増減の内容及び金額	○	○	「該当なし」と記載
7　基本金又は固定資産の売却若しくは処分に係る国庫補助金等特別積立金の取崩し	○	○	「該当なし」と記載
8　担保に供している資産	○	○	「該当なし」と記載
9　固定資産の取得価額、減価償却累計額及び当期末残高（貸借対照表上、間接法で表示している場合は記載不要）	○	○	項目記載不要
10　債権の金額、徴収不能引当金の当期末残高、当該債権の当期末残高（貸借対照表上、間接法で表示している場合は記載不要）	○	○	項目記載不要
11　満期保有目的の債券の内訳並びに帳簿価額、時価及び評価損益	○	○	「該当なし」と記載
12　関連当事者との取引の内容	○	×	「該当なし」と記載
13　重要な偶発債務	○	×	「該当なし」と記載
14　重要な後発事象	○	○	「該当なし」と記載
15　その他社会福祉法人の資金収支及び純資産の増減の状況並びに資産、負債及び純資産の状態を明らかにするために必要な事項	○	○	「該当なし」と記載

注記事項のうち下記の注記事項については、計算書類における金額の補足であるため、計算書類の金額と一致していなければならない。
・基本財産の増減の内容及び金額（注記事項の６）
・固定資産の取得価額、減価償却累計額及び当期末残高（注記事項の９）
・債権の金額、徴収不能引当金の当期末残高、当該債権の当期末残高（注記事項の10）

> **28　附属明細書は適正に作成されているか。**
> **　　就労支援事業の附属明細書の作成に留意すること。**

　附属明細書の作成を正確に行って下さい。附属明細書作成の際に、決算の誤りが判明することがあります。

　就労支援事業を行っている法人は、就労に関する附属明細書の作成が必要です。種類が多いので、必要最低限の明細書を作成し、金額等の間違いが無いようにして下さい。

> **29　消費税の課税事業者ですか。消費税計算は適正に行なわれているか。**
> **　　（課税売上の内容を検討すること。）**

　社会福祉法人の消費税計算は、高度かつ複雑です。正確な計算は、税の専門家である顧問税理士に依頼して下さい。

　なお、消費税課税売上が年間５千万円未満であれば簡易課税が選択できます。会計処理の段階で課税取引の区分を正確に行って下さい。正しい日常処理ができていれば、消費税計算の確認作業が少なくすみ、納税額を間違う可能性が低くなります。

第6章

社会福祉充実残額の計算及び社会福祉充実計画

1 社会福祉充実残額の計算

社会福祉法55条の2の規定に基づき、平成29年4月1日以降、社会福祉法人は、「社会福祉充実残額」を算定しなければならないこととされました。

「社会福祉法第55条の2の規定に基づく社会福祉充実計画の承認等について」(平成29年1月24日雇児発0124第1号、社援発0124第1号、老発0124第1号　局長通知)が発出され、社会福祉充実残額の計算方法が確定しました。

1 基本的な考え方

社会福祉法人において、「福祉充実残額」がある場合、その資金を「公益的取組」に使用する考え方です。福祉充実残額は、法人の決算から算定され、福祉充実計画として通常5年の期間で支出するものです。

充実計画の中で資産の全額を支出してしまうと、本来の事業を継続できなくなるため、現に事業の用に供されている資産などは控除(控除対象財産)して充実残額を算定することとなっています。

この「控除対象財産」は、現に社会福祉事業や公益事業、収益事業(社会福祉事業等)に活用している不動産等や、建替・設備更新の際に必要となる自己資金、運転資金が対象です。

2 社会福祉充実残額の算定

社会福祉充実残額＝　①「活用可能な財産」
　　　　　　　　　－(②「社会福祉法に基づく事業に活用している不動産等」
　　　　　　　　　＋③「再取得に必要な財産」
　　　　　　　　　＋④「必要な運転資金」)

算定式の用語の定義を確認します。

① 活用可能な財産

活用可能な財産　＝　資産－負債－基本金－国庫補助金等特別積立金

まず、貸借対照表の資産総額から負債総額を控除します。その控除後の金額は純資産額となりますが、その純資産額から基本金、国庫補助金等特別積立金を控除した残額が、「活用可能な財産」の金額となります。

　その際、貸借対照表価額に誤りがある場合、活用可能な財産の金額が誤って計算されることとなり、不利な結果となることがあります。

　特に、基本金、国庫補助金等特別積立金の金額の差額については、影響が大きくなる可能性があります。

② 社会福祉法に基づく事業に活用している不動産等

　社会福祉法に基づく事業に活用している不動産等
　　＝　財産目録により特定した事業対象不動産等に係る貸借対照表価額合計額○円
　　　－対応基本金○円
　　　－国庫補助金等特別積立金○円
　　　－対応負債○円

　社会福祉充実残額の算定は、財産目録シートを作成し入力することにより行われます。完成した財産目録シートの控除対象財産額が、「財産目録により特定した事業対象不動産等に係る貸借対照表価額の合計額」となります。この金額から基本金、国庫補助金等特別積立金の金額及び対応負債の金額を控除します。なお、基本金の控除対象は、基本金明細書の１号基本金及び２号基本金のみです。

　活用可能な財産を計算する際に「負債」全額を控除していますが、不動産等にかかる貸借対照表価額の中に借入金で取得した価額が含まれていると、負債として控除した上に、貸借対照評価額として控除する結果となり、二重に控除されることとなります。そこで、「対応負債」は、控除対象の貸借対照表価額から除きます。具体的には、設備資金借入金（１年内返済予定含む）及びリース債務（１年内返済予定含む）の合計額（控除対象財産に明らかに対応しない負債は除く）を、社会福祉法に基づく事業に活用している不動産等の合計額から差引します。

③ 再取得に必要な財産（詳細（5））

　再取得に必要な財産（詳細（5））　＝　【ア　将来の建替に必要な費用】
　　＋【イ　建替までの間の大規模修繕に必要な費用】
　　＋【ウ　設備・車両等の更新に必要な費用】

- 【ア 将来の建替に必要な費用】

    ＝ （建物に係る減価償却累計額○円×建設単価等上昇率）

  ×一般的な自己資金比率（％）

- 【イ 建替までの間の大規模修繕に必要な費用】

    ＝ （建物に係る減価償却累計額○円×一般的な大規模修繕費用割合（％））

    －過去の大規模修繕に係る実績額○円（注１）

（注１）
　大規模修繕に係る実績額が不明な場合、次の計算式によることができる。
（計算式）
　建物に係る減価償却累計額×別に定める割合×｛建物に係る貸借対照表価額÷（建物に係る貸借対照表価額＋建物に係る減価償却累計額）｝

- 【ウ 設備・車両等の更新に必要な費用】

    ＝減価償却の対象となる建物以外の固定資産に係る減価償却累計額の合計額○円

④ 「必要な運転資金」

　＝年間事業活動支出の３ケ月分○円（注２）

（注２）
　現に社会福祉事業等の用に供している土地・建物を所有していない、又は当該土地・建物の価額が著しく低い場合の控除対象財産については、「必要な運転資金」として年間事業活動支出全額を控除することができます。
　当該土地・建物の価額が著しく低い場合とは、算定の結果の合計額と、年間事業活動支出とを比較して、当該合計額が年間事業活動支出を下回る場合です。

3 社会福祉充実残額の取扱

　これまでの計算の結果、社会福祉充実残額が０円以下である場合には、社会福祉充実計画の策定は不要となりますが、１万円以上である場合には、原則として当該計画を策定し、手続を経た上で、当該計画に基づき、社会福祉充実事業を行うことが必要です。
　ただし、計画策定費用が社会福祉充実残額を上回ることが明らかな場合、当該計画を策定しないことができます。

4 算定上の留意事項

① 基本財産のうち、土地・建物を除く定期預金及び投資有価証券については、法人設立時に必要とされた基本財産として計上されているものが控除対象となります。
② 現に社会福祉事業等に活用していない土地・建物については、原則として控除対象とはなりませんが、社会福祉充実残額の算定を行う会計年度の翌会計年度に、具体的な活用方策が明らかな場合（翌会計年度中に社会福祉事業等に活用する建物の建設に着工する場合であって、事業開始は翌々会計年度以降となるような場合を含む）については、控除対象となる場合があります。

　なお、土地・建物を翌々会計年度以降に活用する場合にあっても、社会福祉充実計画において、具体的な活用方策を記載することにより、当該土地・建物を保有・活用し、控除対象とすることが可能です。
③ 国や自治体からの補助を受け、又は寄付者等の第三者から使途・目的が明確に特定されている寄付等の拠出を受け、設置された積立資産等については、控除対象となります。
④ 損害保険金又は賠償金を受け、これを原資として建物等の現状復旧を行うための財産については、当該保険金又は賠償金の範囲で控除対象となります。

5 再取得に必要な財産（社会福祉法施行規則6条の14第1項2号）の算定

　福祉充実残額の算定において、最も計算が複雑なものが「再取得に必要な財産」です。これは、将来の建替や今後の維持修繕にどれほどの資金を留保しておくべきかを計算するものだからです。つまり、これまでの支出実績と今後の予測を行うため、仮定を前提に計算しますが、その計算が恣意的なものにならないようにする必要があるのです。

　再取得に必要な財産
　　＝　【ア　将来の建替に必要な費用】
　　＋【イ　建替までの間の大規模修繕に必要な費用】
　　＋【ウ　設備・車両等の更新に必要な費用】

① **基本的な考え方**
　・【ア　将来の建替に必要な費用】
　　＝　（建物に係る減価償却累計額○円×建設単価等上昇率）
　　　　×一般的な自己資金比率（％）

社会福祉施設等の「再取得に必要な財産」については、現に事業に活用している建物・設備等と同等のものを将来的に更新することを前提とし、建物については、建設当時から現在までの資材費や労務費の変動等を考慮した建設単価等上昇率を勘案した上で必要額を控除することになります。

　また、建替費用は、補助金、借入金、自己資金（寄付金を含む。以下同じ）を財源としますが、自己資金部分は、基本的には、毎会計年度計上される減価償却費（累計額）に対応するものと考えられます。

　そこで、建物の建替に必要な財産額の算定は、直近の補助金や借入金の水準を考慮したした「一般的な自己資金比率」に減価償却累計額を乗じた額となります。なお、この計算は、独立した建物単位で算定し法人全体で合算します。

　なお、減価償却累計額は、社会福祉充実残額を算定する各会計年度末における金額です。

② **大規模修繕に必要な費用について**
　・【イ　建替までの間の大規模修繕に必要な費用】
　　＝　（建物に係る減価償却累計額○円×一般的な大規模修繕費用割合（％））
　　　－過去の大規模修繕に係る実績額○円（注１）

　大規模修繕に必要な費用については、原則として、独立した建物ごとの減価償却累計額に、大規模修繕割合を乗じて得た額から、過去の大規模修繕実績額を控除します。ただし、これまでの大規模修繕に係る実績額が不明な場合には、例外的に次の計算式を適用できます。
（計算式）
　建物に係る減価償却累計額×別に定める割合×｛建物に係る貸借対照表価額÷（建物に係る貸借対照表価額＋建物に係る減価償却累計額）｝

③ **設備・車両等の更新に必要な費用**
　・【ウ　設備・車両等の更新に必要な費用】
　　＝減価償却の対象となる建物以外の固定資産に係る減価償却累計額の合計額○円

　設備・車両等の更新に必要な費用については、財産目録において特定した建物以外の固定資産に係る減価償却累計額の合計額全額を対象とします。

社会福祉充実残額算定シート

1.「活用可能な財産の算定」

項目	金額
資産（a）	
負債（b）	
基本金（c）	
国庫補助金等特別積立金（d）	
合計（a－b－c－d）	0

凡例：
- 手入力（必須入力）するセルです（※「社会福祉法人の財務諸
- 計算式が設定されており、入力することはできません。
- 手入力するセルです。（不明の場合は、記載要領に従って入力
- 合計額を算出するための計算式が設定されており、入力するこ

2.「社会福祉法に基づく事業に活用している不動産等」

(1) 財産目録における貸借対照表価額

合計（a）	

(2) 対応負債

項目	金額
1年以内返済予定設備資金借入金	
1年以内返済予定リース債務	
設備資金借入金	
リース債務	
合計（b）	0

(3) 合計

項目	金額
財産目録合計（a）	0
対応負債合計（b）	0
対応基本金（c）	0
国庫補助金等特別積立金（d）	0
合計（a－b－c－d）	0

3.「再取得に必要な財産」

(1) 将来の建替費用

財産の名称等	取得年度	建設時延べ床面積（少数点以下第4位を四捨五入）	建設時自己資金	大規模修繕実績額	減価償却累計額	建設単価等上昇率				
						①建設工事費デフレーター	②1㎡当たり単価上昇率			
							一般的1㎡当たり単価（a）	当該建物の建設時の取得価額（b）	建設時延べ床面積（c）	a/(b
						-	250,000		-	-
						-	250,000		-	-
						-	250,000		-	-
						-	250,000		-	-
						-	250,000		-	-
合計										

※ 割合は小数点第4位四捨五入。
※ 行が不足する場合は適宜追加すること。

(3) 設備・車輛等の更新に必要な費用

合計	

(4) 合計

項目	金額
将来の建替費用	0
大規模修繕に必要な費用	0
設備・車輛等の更新に必要な費用	0
合計	0

4.「必要な運転資金」

項目	金額		月数	合計額
年間事業活動支出		12	3	0

5.「計算の特例」

項目	金額		月数	合計額
年間事業活動支出	-	12	12	-

6.「社会福祉充実残額」

項目	金額	控除対象財産計
活用可能な財産	0	
社会福祉法に基づく事業に活用している不動産等	0	
再取得に必要な財産	0	0
必要な運転資金	0	
計算の特例		
合計	0	

(別紙2)

「電子開示システム」搭載版では、他シートを参照するための計算式が設定されていますので、手入力は不要となります。）

ください）

できません。

	自己資金比率				合計額
②のいずれか低い方の率	③一般的自己資金比率	④建設時自己資金比率		③、④のいずれか高い方の率	
		建設時自己資金(d)	d/b		
	22%	-	-	22.0%	-
	22%	-	-	22.0%	-
	22%	-	-	22.0%	-
	22%	-	-	22.0%	-
	22%	-	-	22.0%	-
					0

（2）大規模修繕に必要な費用

減価償却累計額(a)	一般的大規模修繕費用比率(b)	大規模修繕実績額	合計額①	※大規模修繕額が不明な場合		合計額(①、②のいずれか)
				貸借対照表価額(c)	合計額②((a×b)×c/(a+c))	
-	30%	-	-		-	-
-	30%	-	-		-	-
-	30%	-	-		-	-
-	30%	-	-		-	-
-	30%	-	-		-	-
						0

1 社会福祉充実残額の計算

(別添)

社会福祉充実残額算定シート別添（財産目録）

平成29年3月31日現在

（単位：円）　　　　　　　　　　　　　　　（単位：円）

貸借対照表科目	場所・物量等	取得年度	使用目的等	取得価額	減価償却累計額	貸借対照表価額	控除対象	控除対象額
Ⅰ 資産の部								
1　流動資産								
現金預金								
有価証券								
事業未収金								
未収金								
未収補助金								
未収収益								
受取手形								
貯蔵品								
医薬品								
診療・療養費等材料								
給食用材料								
商品・製品								
仕掛品								
原材料								
立替金								
前払金								
前払費用								
1年以内回収予定長期貸付金								
短期貸付金								
仮払金								
その他の流動資産								
徴収不能引当金								
流動資産合計					0	0	0	
2　固定資産								
（1）　基本財産								
土地								
建物							0	
定期預金								
投資有価証券								
基本財産合計					0	0	0	
（2）　その他の固定資産								
土地								
建物							0	
構築物							0	
機械及び装置							0	
車輌運搬具							0	
器具及び備品							0	
建設仮勘定							0	
有形リース資産							0	
権利								
ソフトウェア							0	
無形リース資産							0	

投資有価証券						
長期貸付金						
退職給付引当資産						
長期預り金積立資産						
（何）積立資産						
差入保証金						
長期前払費用						
その他の固定資産						
その他の固定資産合計			0	0	0	
固定資産合計			0	0	0	
資産合計			0	0	0	控除対象額計
						0

Ⅱ 負債の部
　1　流動負債

短期運営資金借入金					
事業未払金					
その他の未払金					
支払手形					
役員等短期借入金					
１年以内返済予定設備資金借入金					
１年以内返済予定長期運営資金借入金					
１年以内返済予定リース債務					
１年以内返済予定役員等長期借入金					
１年以内支払予定長期未払金					
未払費用					
預り金					
職員預り金					
前受金					
前受収益					
仮受金					
賞与引当金					
その他の流動負債					
流動負債合計			0	0	0

　2　固定負債

設備資金借入金					
長期運営資金借入金					
リース債務					
役員等長期借入金					
退職給付引当金					
長期未払金					
長期預り金					
その他の固定負債					
固定負債合計			0	0	0
負債合計			0	0	0
差引純資産			0	0	0

（入力上の留意事項）
※ 財産目録については、科目を分けた場合は、小計欄を設けることとしていますが、エクセル版の社会福祉充実残額算定シート別添（財産目録）については、小計欄を設けなくても差し支えありません。

2 社会福祉充実計画

　社会福祉充実残額の計算の結果、残額が生じた場合、社会福祉充実計画を策定し、公認会計士・税理士等の財務の専門家の意見聴取、評議員会の承認後、所轄庁に提出し、承認を得ることとなります。

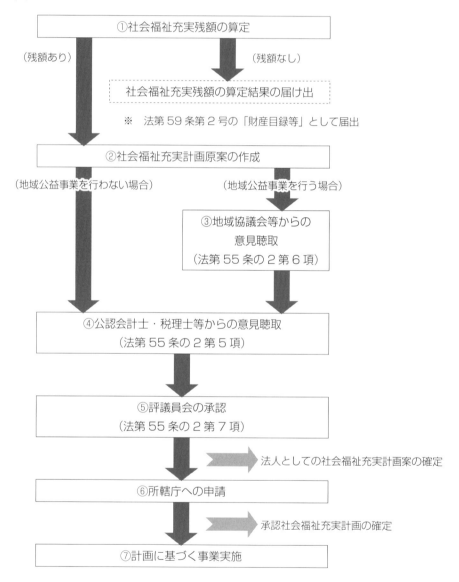

　なお、④の意見聴取に当たっては、監事監査の終了後とするなど、決算が明確となった段階で行うものとする。

1 事業の種類
　（社会福祉法55条の２第４項及び同規則６条の16関係）

　社会福祉充実計画の対象となる事業は、「①社会福祉事業及び法第２条第４項第４号に規定する事業に該当する公益事業」、「②地域公益事業」及び「公益事業のうち、①及び②以外のもの」です。

2 社会福祉充実計画の実施期間

　社会福祉充実計画は、原則として、社会福祉充実残額を算定した会計年度の翌会計年度から５か年度以内の範囲で完了します。

　ただし、「充実残額が多額のため５年内に費消することが合理的ではない場合」や「事業拡大や既存建物の建替など、５年以降に充実残額の使途が明確な場合」など、合理的な理由があると認められる場合には、当該理由を計画に記載した上で、その実施期間を１０か年度以内とすることができます。

　また、合理的な理由があると認められる場合には、当該理由を計画に記載した上で、社会福祉充実残額の概ね２分の１以上を社会福祉充実事業に充てることを内容とする計画も認められています。

3 公認会計士等への意見聴取
　（社会福祉法55条の２第５項及び同規則６条の17）

　社会福祉充実計画原案の策定後、公認会計士又は税理士等の財務の専門家への意見聴取を行います。法人の会計監査人や顧問税理士、これらの資格を保有する評議員、監事等（理事長を除く）であっても差しつかえありません。項目は以下の通りです。

　ア　社会福祉法に基づく事業に活用している不動産等に係る控除の有無の判定
　イ　社会福祉法に基づく事業に活用している不動産等の再計算
　ウ　再取得に必要な財産の再計算
　エ　必要な運転資金の再計算
　オ　社会福祉充実残額の再計算
　カ　事業費の再計算

4 社会福祉充実計画の変更
（社会福祉法55条の3及び同規則6条の18から6条の20）

　社会福祉充実計画の変更については、所轄庁へ変更の承認申請が必要です。また、軽微な変更の場合、届出となります。

　なお、社会福祉充実計画は、承認申請時点における将来の社会福祉充実残額の使途を明らかにするという趣旨のため、社会福祉充実残額の増減のみを理由とした変更は必要ではありませんが、計画上の社会福祉充実残額と、毎会計年度における社会福祉充実残額に大幅な乖離が生じた場合には、再投下可能な事業費にも大きな影響があることから、原則として社会福祉充実計画の変更が必要となります。

(別紙1)

平成○年度～平成○年度　社会福祉法人○○　社会福祉充実計画

1．基本的事項

法人名		法人番号	
法人代表者氏名			
法人の主たる所在地			
連絡先			
地域住民その他の関係者への意見聴取年月日			
公認会計士、税理士等の意見聴取年月日			
評議員会の承認年月日			

会計年度別の社会福祉充実残額の推移（単位：千円）	残額総額（平成○年度末現在）	1か年度目（平成○年度末現在）	2か年度目（平成○年度末現在）	3か年度目（平成○年度末現在）	4か年度目（平成○年度末現在）	5か年度目（平成○年度末現在）	合計	社会福祉充実事業未充当額
うち社会福祉充実事業費（単位：千円）								
本計画の対象期間								

2．事業計画

実施時期	事業名	事業種別	既存・新規の別	事業概要	施設整備の有無	事業費
1か年度目						
	小計					
2か年度目						
	小計					
3か年度目						
	小計					

4か年度目							
	小計						
5か年度目							
	小計						
合計							

※欄が不足する場合は適宜追加すること。

3．社会福祉充実残額の使途に関する検討結果

検討順	検討結果
① 社会福祉事業及び公益事業（小規模事業）	
② 地域公益事業	
③ ①及び②以外の公益事業	

4．資金計画

事業名	事業費内訳		1か年度目	2か年度目	3か年度目	4か年度目	5か年度目	合計
	計画の実施期間における事業費合計							
	財源構成	社会福祉充実残額						
		補助金						
		借入金						
		事業収益						
		その他						

※本計画において複数の事業を行う場合は、2．事業計画に記載する事業の種類ごとに「資金計画」を作成すること。

5．事業の詳細

事業名	
主な対象者	
想定される対象者数	
事業の実施地域	
事業の実施時期	平成〇年〇月〇日～平成〇年〇月〇日
事業内容	

事業の実施スケジュール	1か年度目	
	2か年度目	
	3か年度目	
	4か年度目	
	5か年度目	

事業費積算 (概算)	
	合計 ○○千円（うち社会福祉充実残額充当額○○千円）
地域協議会等の意見と その反映状況	

※本計画において複数の事業を行う場合は、２．事業計画に記載する事業の種類ごとに「事業の詳細」を作成すること。

6．社会福祉充実残額の全額を活用しない又は計画の実施期間が５か年度を超える理由

(別紙2-様式例)

手続実施結果報告書

平成　　年　　月　　日

社会福祉法人　〇〇
理事長　〇〇〇〇　殿

確認者の名称　　　　　印

　私は、社会福祉法人〇〇（以下「法人」という。）からの依頼に基づき、「平成〇年度～平成〇年度社会福祉法人〇〇　社会福祉充実計画」（以下「社会福祉充実計画」という。）の承認申請に関連して、社会福祉法第55条の2第5項により、以下の手続を実施した。

1．手続の目的
　私は、「社会福祉充実計画」に関して、本報告書の利用者が手続実施結果を以下の目的で利用することを想定し、「実施した手続」に記載された手続を実施した。
① 「社会福祉充実計画」における社会福祉充実残額が「社会福祉充実計画の承認等に係る事務処理基準」（以下「事務処理基準」という。）に照らして算出されているかどうかについて確かめること。
② 「社会福祉充実計画」における事業費が、「社会福祉充実計画」において整合しているかどうかについて確かめること。

2．実施した手続
① 社会福祉充実残額算定シートにおける社会福祉法に基づく事業に活用している不動産等に係る控除の有無の判定と事務処理基準を照合する。
② 社会福祉充実残額算定シートにおける社会福祉法に基づく事業に活用している不動産等について事務処理基準に従って再計算を行う。
③ 社会福祉充実残額算定シートにおける再取得に必要な財産について事務処理基準に従って再計算を行う。
④ 社会福祉充実残額算定シートにおける必要な運転資金について事務処理基準に従って再計算を行う。
⑤ 社会福祉充実残額算定シートにおける社会福祉充実残額について、再計算を行った上で、社会福祉充実計画における社会福祉充実残額と突合する。
⑥ 社会福祉充実計画における1、2、4及び5に記載される事業費について再計算を行う。

3．手続の実施結果
① 2の①について、社会福祉法に基づく事業に活用している不動産等に係る控除対象財産判定と事務処理基準は一致した。
② 2の②について、社会福祉法に基づく事業に活用している不動産等の再計算の結果と一致した。

③ 2の③について、再取得に必要な財産の再計算の結果と一致した。
④ 2の④について、必要な運転資金の再計算の結果と一致した。
⑤ 2の⑤について、社会福祉充実残額の再計算の結果と一致した。さらに、当該計算結果と社会福祉充実計画における社会福祉充実残額は一致した。
⑥ 2の⑥について、社会福祉充実計画における1、2、4及び5に記載される事業費について再計算の結果と一致した。

4．業務の特質

　上記手続は財務諸表に対する監査意見又はレビューの結論の報告を目的とした一般に公正妥当と認められる監査の基準又はレビューの基準に準拠するものではない。したがって、私は社会福祉充実計画の記載事項について、手続実施結果から導かれる結論の報告も、また、保証の提供もしない。

5．配付及び利用制限

　本報告書は法人の社会福祉充実計画の承認申請に関連して作成されたものであり、他のいかなる目的にも使用してはならず、法人及びその他の実施結果の利用者以外に配付又は利用されるべきものではない。

（注）公認会計士又は監査法人が業務を実施する場合には、日本公認会計士協会監査・保証実務委員会専門業務実務指針4400「合意された手続業務に関する実務指針」を参考として、表題を「合意された手続実施結果報告書」とするほか、本様式例の実施者の肩書、表現・見出し等について、同実務指針の文例を参照して、適宜改変することができる。

以　上

(別紙4－様式例①)

(文書番号)
平成○年○月○日

○○○都道府県知事
　　又は　　　　　　　殿
　○○○市市長

(申請者)
社会福祉法人　○○○
理事長　○○　○○

社会福祉充実計画の承認申請について

　当法人において、別添のとおり社会福祉充実計画を策定したので、社会福祉法第55条の2第1項の規定に基づき、貴庁の承認を申請する。

(添付資料)
・　平成○年度～平成○年度社会福祉法人○○○社会福祉充実計画
・　社会福祉充実計画の策定に係る評議員会の議事録（写）
・　公認会計士・税理士等による手続実施結果報告書（写）
・　社会福祉充実残額の算定根拠
・　その他社会福祉充実計画の記載内容の参考となる資料

(別紙4－様式例②)

(文書番号)
平成○年○月○日

社会福祉法人　○○○
　理事長　○○　○○　殿

○○○都道府県知事
又は
○○○市市長

社会福祉充実計画承認通知書

　平成○年○月○日付け（文書番号）により、貴法人より申請のあった社会福祉充実計画については、社会福祉法第55条の2第1項の規定に基づき、承認することとしたので通知する。

（別紙5－様式例①）

（文書番号）
平成○年○月○日

○○○都道府県知事
　　　又は　　　　　　　殿
○○○市市長

（申請者）
社会福祉法人　○○○
理事長　○○　○○

承認社会福祉充実計画の変更に係る承認申請について

　平成○○年○月○日付け（文書番号）により、貴庁より承認を受けた社会福祉充実計画について、別添のとおり変更を行うこととしたので、社会福祉法第55条の3第1項の規定に基づき、貴庁の承認を申請する。

（添付資料）
・　変更後の平成○年度～平成○年度社会福祉法人○○○社会福祉充実計画
　　（注）変更点を赤字とする、新旧対照表を添付するなど、変更点を明示すること。
・　社会福祉充実計画の変更に係る評議員会の議事録（写）
・　公認会計士・税理士等による手続実施結果報告書（写）
・　社会福祉充実残額の算定根拠
・　その他社会福祉充実計画の記載内容の参考となる資料

(別紙5-様式例②)

(文書番号)
平成○年○月○日

社会福祉法人　○○○
　理事長　○○　○○　殿

○○○都道府県知事
又は
○○○市市長

承認社会福祉充実計画変更承認通知書

　平成○年○月○日付け（文書番号）により、貴法人より申請のあった社会福祉充実計画の変更については、社会福祉法第55条の3第1項の規定に基づき、承認することとしたので通知する。

(別紙6-様式例)

(文書番号)
平成○年○月○日

○○○都道府県知事
　　　又は　　　　　殿
○○○市市長

(申請者)
社会福祉法人　○○○
　理事長　○○　○○

承認社会福祉充実計画の変更に係る届出について

　平成○○年○月○日付け（文書番号）により、貴庁より承認を受けた社会福祉充実計画について、別添のとおり変更を行うこととしたので、社会福祉法第55条の3第2項の規定に基づき、貴庁に届出を行う。

(添付資料)
・　変更後の平成○年度～平成○年度社会福祉法人○○○社会福祉充実計画
　　(注) 変更点を赤字とする、新旧対照表を添付するなど、変更点を明示すること。
・　社会福祉充実残額の算定根拠
・　その他社会福祉充実計画の記載内容の参考となる資料

(別紙7-様式例①)

(文書番号)
平成○年○月○日

○○○都道府県知事
　　　又は　　　　　　殿
○○○市市長

(申請者)
社会福祉法人　○○○
理事長　○○　○○

承認社会福祉充実計画の終了に係る承認申請について

　平成○○年○月○日付け（文書番号）により、貴庁より承認を受けた社会福祉充実計画について、下記のとおり、やむを得ない事由が生じたことから、当該計画に従って事業を行うことが困難であるため、社会福祉法第55条の4の規定に基づき、当該計画の終了につき、貴庁の承認を申請する。

記

（承認社会福祉充実計画を終了するに当たってのやむを得ない事由）

| |
| |

（添付資料）
・　終了前の平成○年度～平成○年度社会福祉法人○○○社会福祉充実計画
・　その他承認社会福祉充実計画を終了するに当たって、やむを得ない事由があることを証する書類

(別紙7-様式例②)

(文書番号)
平成○年○月○日

社会福祉法人　○○○
　理事長　○○　○○　殿

　　　　　　　　　　　　　　　　　　　　　○○○都道府県知事
　　　　　　　　　　　　　　　　　　　　　又は
　　　　　　　　　　　　　　　　　　　　　○○○市市長

承認社会福祉充実計画終了承認通知書

　平成○年○月○日付け（文書番号）により、貴法人より申請のあった社会福祉充実計画の終了については、社会福祉法第55条の4の規定に基づき、承認することとしたので通知する。

一般財団法人 総合福祉研究会

　平成7年介護保険導入前の措置制度の時期に発足し、平成9年に全国組織の任意団体となってから、今年で、20周年を迎えます。現在、北海道から沖縄まで130余の税理士事務所・税理士法人・公認会計士事務所・監査法人から組織される一般財団法人です。社会福祉法人への総合的なご支援をする会計人の全国組織として、会計制度の改正に対する研修・出版さらには政府への提言に至るまで、社会福祉法人の皆さまと歩みをともにしています。「社会福祉法人会計簿記認定試験」を主催し、作問・運営を手掛けています。

小規模社会福祉法人のための法人運営と財務管理

2018年1月15日　発行

編　者	一般財団法人 総合福祉研究会 税務経営委員会
発行者	小泉 定裕
発行所	株式会社 清文社 東京都千代田区内神田1-6-6（MIFビル） 〒101-0047　電話03(6273)7946　FAX 03(3518)0299 大阪市北区天神橋2丁目北2-6（大和南森町ビル） 〒530-0041　電話06(6135)4050　FAX 06(6135)4059 URL http://www.skattsei.co.jp/

印刷：大村印刷㈱

■著作権法により無断複写複製は禁止されています。落丁本・乱丁本はお取り替えします。
■本書の内容に関するお問い合わせは編集部までFAX（03-3518-8864）でお願いします。
■本書の追録情報等は、当社ホームページ（http://www.skattsei.co.jp/）をご覧ください。

ISBN978-4-433-64837-4